"十四五"职业教育国家规划教材

幼儿保育专业系列教材 | 总主编　张小永　刘兰明

婴幼儿安全照护

主　编　王福利　付建玲　刘新宇

副主编　顾　娟　张　放　赵　萌　王爱静

科学出版社

北　京

内 容 简 介

婴幼儿安全照护是中职幼儿保育专业的一门专业核心课程。本书根据幼儿保育专业的教学标准编写,立足托幼园所安全管理体系,着眼于安全管理中各要素内容,系统整理涉及托幼园所安全管理的八项制度、安全工作职责和应急预案,梳理保育师、婴幼儿、家长三个层面的安全教育内容与方式,科学设计托幼园所常见伤害事件的预防与应急处理措施,阐述突发公共安全事件的应对措施。本书既有对婴幼儿安全照护内容的讲述,又有对托幼机构安全照护工作的具体实践指导,还有生动活泼的实例描述,是一本理论与实践紧密联系的综合性教材。

本书既可作为中等职业学校幼儿保育专业和职业学校学前教育专业学生的学习用书,又可作为托幼园所在职员工的培训用书。

图书在版编目(CIP)数据

婴幼儿安全照护/王福利,付建玲,刘新宇主编 . —北京:科学出版社,2022.8

("十四五"职业教育国家规划教材·幼儿保育专业系列教材)

ISBN 978-7-03-070976-9

Ⅰ. ①婴… Ⅱ. ①王… ②付… ③刘… Ⅲ. ①幼儿园-安全管理-中等专业学校-教材 Ⅳ. ①G617

中国版本图书馆CIP数据核字(2021)第259752号

责任编辑:辛 桐 / 责任校对:马英菊
责任印制:吕春珉 / 封面设计:东方人华平面设计部

科 学 出 版 社 出版

北京东黄城根北街16号
邮政编码:100717
http://www.sciencep.com

三河市骏杰印刷有限公司印刷

科学出版社发行 各地新华书店经销

*

2022 年 8 月第 一 版 开本:787×1092 1/16
2024 年 6 月第三次印刷 印张:13
字数:307 000

定价:49.00元
(如有印装质量问题,我社负责调换)

销售部电话 010-62136230 编辑部电话 010-62135763-8020

本书编委会

主　编　王福利（吉林女子学校）

　　　　付建玲（吉林女子学校）

　　　　刘新宇（吉林女子学校）

副主编　顾　娟（吉林女子学校）

　　　　张　放（吉林女子学校）

　　　　赵　萌（吉林女子学校）

　　　　王爱静（北京水米田幼之源教育科技有限公司）

参　编　高玉霞（吉林女子学校）

　　　　付　通（吉林女子学校）

　　　　张文波（吉林女子学校）

　　　　常　雪（吉林女子学校）

　　　　邵　媛（吉林女子学校）

　　　　胡芮嘉（吉林女子学校）

　　　　盛琪舒（吉林市妇联托幼中心）

丛 书 序

根据《中共中央 国务院关于全面深化新时代教师队伍建设改革的意见》《中共中央 国务院关于学前教育深化改革规范发展的若干意见》《中华人民共和国教师法》等有关规定，中等职业学校相关专业重点培养保育员。2019 年，在《中等职业学校专业目录》中增设幼儿保育专业。相关文件同时指出，中职学前教育专业转设不影响与高职学前教育专业的贯通培养，该专业转设为幼儿保育或相关专业后，仍可与高职学前教育或相关专业对接。因此，中职学校面临着学前教育专业转设或新设幼儿保育专业的挑战，幼儿保育专业的专业定位、课程设置、教材开发、教学与评估、实习实训、教师队伍建设等一系列专业建设问题亟待研究和解决。

为适应中职幼儿保育专业建设的需求，2019 年下半年开始，根据教育部职业教育与成人教育司要求，教育部职业院校教育类专业教学指导委员会组织研制《中等职业学校幼儿保育专业教学标准》（以下简称《标准》）和《中等职业学校幼儿保育专业实训教学条件建设标准》。在这一背景下，编者深入学习和领会教育发展规划、行业标准、职业标准和新产业新业态商业模式等方面的文件精神，对标中等职业学校幼儿保育专业教学标准的要求，结合中职转设或新增幼儿保育专业的现状和学生实际，组建了由中职学前教育专业的骨干教师、幼教专家、优秀园长、经验丰富的托幼机构工作人员组成的编写团队。本套教材主要具有以下几个方面的突出特点。

第一，关注职业教育发展的新态势，对标中职幼儿保育专业教学标准。2019 年，国务院印发《国家职业教育改革实施方案》，把职业教育摆在教育改革创新和经济社会发展中更加突出的位置。2021 年，中共中央办公厅、国务院办公厅印发了《关于推动现代职业教育高质量发展的意见》，提出职业教育是国民教育体系和人力资源开发的重要组成部分，肩负着培养多样化人才、传承技术技能、促进就业创业的重要职责。2022 年 5 月 1 日起施行的新修订的《中华人民共和国职业教育法》首次以法律形式明确了职业教育的地位，并通过普职融通等制度设计，真正实现职业教育从"层次教育"到"类型教育"的转变。在这样的新态势下，我国职业教育改革创新不断推进，中等职业教育逐渐由纯粹的数目发展壮大向品质发展壮大奋进。《标准》的研制，为中职幼儿保育专业的建设和发展指明了方向。本套教材正是在领会《标准》中的精神内涵、基本理念和相关课程设置下进行构架的，具有较好的适用性和方向引领作用。

第二，体现中职幼儿保育专业的设置特点，满足中职学生的学习要求。本套教材遵循理论知识够用、职业能力适应岗位要求和个人发展要求的职业教育理念，聚焦当

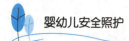

前学前教育机构工作岗位人员专业化发展的现实需要，充分考虑中职学生的知识背景和学习特点，体现理实一体化，以案例分析和实践操作的形式帮助学生了解和掌握学前教育机构中的保育工作。

第三，校企"双元"联合开发，行业特点鲜明。本套教材的编者包括了幼儿保育（学前教育）专业骨干教师和教学机构一线教师，具有多年的教学和实践经验，编写经验丰富，理念新颖。

第四，强化课堂思政教育，践行行业道德规范。本套教材充分发挥教材承载思政教育的功能，将思政教育和职业素养与教学内容相结合，使学生在学习专业知识的同时，通过潜移默化的效果，把握各个思政教育映射点所要传授的内容。

第五，针对学前教育机构保教工作的实际需求，增强学生的适岗能力。本套教材强化实践环节，在编写体例上采用"项目—任务"式结构，针对学前教育机构保教工作的实际需求，在清晰呈现任务的同时，结合基础知识提供实践案例，在任务实施和评估中引导学生对接未来的职业需求，使学生走上工作岗位之后能更快地适应学前教育机构的保育工作。这增加了本套教材的职业指导价值。

第六，适应信息化社会的发展需求，以融媒体的形式呈现多元化的信息。2022年《政府工作报告》指出，促进数字经济发展，加强数字中国建设整体布局。在《中华人民共和国国民经济和社会发展第十四个五年规划和2035年远景目标纲要》中，更是提出了"加快数字化发展 建设数字中国"的数字经济战略。本套教材巧妙地运用了现代信息技术，将学前教育机构中保育工作的实景编入教材，方便教师教学、学生自主学习，学生通过扫描二维码即可获取相关信息，有身临其境之感，有助于学生掌握基本操作技能。

第七，课证融合，内容深入对接"1+X"证书。本套教材知识体系的构建对接了岗位职业能力要求和国家职业标准，通过丰富的课后练习、案例分析、项目实训、项目评价等内容对标课证融合。

本套教材全体编写人员本着加快专业建设，着眼于建设中职幼儿保育专业基础和专业核心教材的迫切需要，充分发扬团结协作、不断奋进的精神，努力克服时间短、任务重等困难，按时完成了编写任务。在此，特别感谢北京市求实职业学校、吉林女子学校、北京经贸高级技术学校、北京青年政治学院等主编院校领导的大力支持和骨干教师的辛勤劳动。本套教材的数字化资源建设得益于北京水米田教育集团的鼎力相助，其旗下的幼儿园为教材的编写提供了现代信息技术支持下的实景资源。囿于水平有限，这套幼儿保育教材难免有所不足，敬请学界和业界专家不吝批评指正。

刘兰明

前　言

婴幼儿安全照护是幼儿保育人员必须掌握的一项技能。习近平总书记指出："不管是什么情况，不论是什么天灾人祸，一定不要让下一代受到伤害，这是我们的责任。"因此，做好托幼园所的安全照护工作，确保婴幼儿的安全，是每位保育师的神圣职责。

本书面向中等职业学校幼儿保育专业的学生，根据中职幼儿保育专业的教学标准编写，涵盖托幼园所的安全管理、安全教育、常见意外伤害事故的预防与处理、突发安全事件的应对等内容，旨在加强学生对婴幼儿照护工作的安全意识，明确安全照护工作的方向和保育要点。

本书以"项目—任务"的形式呈现，共五个项目。每个项目包含两至三个任务，每个任务下再细化为具体的知识点。每个任务的体例均采用灵活多样的设计形式，包括"任务导入""任务导图""任务目标""任务实施""练一练"等模块，以及若干"保育师解读""保育师支招"等，每个任务后有"任务检测""任务实训""任务拓展""任务总结与反思"。各项目、任务之间的逻辑关系清晰，知识点、任务点明确，便于教师使用，也方便学生理解。

本书由吉林女子学校负责组织编写，由王福利、付建玲、刘新宇担任主编，顾娟、张放、赵萌、王爱静担任副主编，高玉霞、付通、张文波、常雪、邵媛、胡芮嘉、盛琪舒参与编写，山东师范大学张小永担任主审。具体的编写分工如下：项目一由王福利、刘新宇、邵媛编写；项目二由付建玲、张放、盛琪舒编写；项目三由顾娟、高玉霞编写；项目四由付通、胡芮嘉、常雪编写；项目五由赵萌、张文波编写。

本书在编写的过程中，得到了科学出版社和吉林市妇联托幼中心的大力支持，在此一并致以诚挚的谢意！本书参考和借鉴了许多相关的文献与资料，在此向各位作者表示衷心的感谢。

鉴于水平有限，本书难免存在不足，恳请各位读者批评指正。

编　者

2022 年 4 月

目　　录

项目一　托幼园所安全照护工作的管理

项目简介

安全是指没有受到威胁，没有危险、危害、损失。没有危险是安全的特有属性，因而可以说安全就是没有危险的状态。安全是人类生存和发展的最基本要求，是生命与健康的基本保障。

托幼园所是婴幼儿聚集的场所，保障婴幼儿的安全是园所的首要任务。近年来，个别托幼园所发生的一些恶性安全事件不时见诸报端，因婴幼儿的自我保护能力和意识欠缺造成的安全事故也屡见不鲜。造成这些问题的原因有很多，既有教职员工安全意识淡薄、安全知识缺乏、安全应急处理技能欠缺的问题，也有托幼园所安全管理体系不完善、制度机制不健全等问题。《中国儿童发展纲要（2021—2030年）》中明确指出"落实学校、幼儿园、托育机构等安全管理主体责任、开展儿童防伤害、防暴力、避灾险、会自救等教育活动"。因此，托幼园所应通过有效地履行组织、指挥、协调等管理职能，合理地利用园所的各种资源，制定完善的安全保障措施，防患于未然。

任务一　托幼园所安全照护相关制度的制定

任务导入

欣欣的父母工作繁忙，不能按时接送欣欣，经常让邻居小美的父亲帮忙接送。星星托幼园多次找欣欣的父母谈话，可家长总是找各种理由推脱，并没有亲自接送孩子。时间久了，星星托幼园淡忘了此事。一天，小美的父亲接走两个孩子，在马路边玩耍。小美的父亲在接打电话时，一辆飞速驶来的摩托车冲过来撞伤了欣欣。事后，欣欣的父母向星星托幼园索要赔偿，并质问园方：家长没有签订任何委托材料，园方为何让他人代接？欣欣的父母不承认自己委托他人接送欣欣的事实。

经过法律咨询，园方确实负有一定责任，园方无法证明欣欣父母委托他人接送欣欣，根本原因是托幼园所没有建立完善的婴幼儿接送制度，管理疏忽，产生不良后果。经过协调，园方和欣欣的父母各承担一半医疗费，结束了此次风波。

安全重于泰山。托幼园所的头等大事就是安全照护工作，这是保证婴幼儿身心健

康的首要任务，关系到家庭和社会的稳定。作为保教工作者，如何制定安全照护的相关制度，促进安全照护工作规范化进行呢？

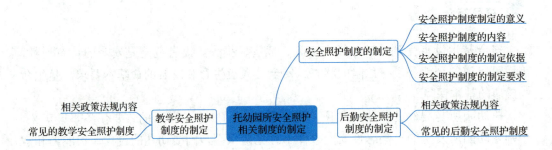

※ 知识目标

1）了解托幼园所制定安全照护制度的意义和内容。

2）掌握托幼园所日常教学和后勤工作中的安全照护制度。

※ 能力目标

1）能明确制定安全照护制度的具体要求。

2）能模拟制定托幼园所的安全照护制度。

※ 素质目标

1）提高安全责任意识，防患于未然。

2）培养团队协作精神，严格执行托幼园所的安全照护制度。

一、安全照护制度的制定

制度是各种行政法规、章程、制度、公约的总称。托幼园所的安全照护制度是依据风险制定的要求全体教职员工共同遵守的安全工作规程和行为准则，是规范工作人员行为的重要依据。

（一）安全照护制度制定的意义

1. 安全照护制度是婴幼儿健康成长的保障

（1）保障婴幼儿生命安全

对于托幼园所来说，"安全无小事"。托幼园所的首要工作是保障婴幼儿的生命安全。婴幼儿既没有安全防范的意识，又缺乏自我保护和独立逃生的技能，因此，托幼园所需要制定并落实各项安全照护制度，有效防范可能出现的危害婴幼儿生命安全的事件。

托幼园所应建立应急预警和应急预案制度，当发生重大自然灾害、食物中毒、饮用水污染、踩踏、火灾、暴力等突发事件时，可以得到很好的预警并做好相应工作。全体保教人员应当掌握基本急救常识和防范、避险、逃生、自救的基本方法，并定期进行事故预防演练。每班至少有一名保育师接受过急救培训并持有合格有效的急救证书，具备提前预判可能危及婴幼儿人身安全的各种因素的能力，防微杜渐，保障婴幼儿安全。

（2）保障婴幼儿身体健康

婴幼儿在托幼园所的一日生活活动，如入园、饮水、进餐、睡眠、如厕、盥洗、户外活动、离园等，在婴幼儿成长中占有重要地位。由于婴幼儿的年龄较小，独立生活能力和自我保护能力较差，知识经验较少，在上述日常生活环节中容易发生一些安全事故，因此托幼园所必须高度重视婴幼儿的安全，建立完善的安全制度体系。

托幼园所应健全并严格执行安全管理制度和安全防范预警制度，保障婴幼儿的身体健康。应建立健全包括门卫、房屋、设备、消防、厨房和食品、保健室和药物，以及婴幼儿接送交接、活动组织、就寝值守等一日活动环节的安全防护制度。同时，建立健全并严格执行安全管理巡查、记录、上报制度等，及时消除安全隐患，有效保证婴幼儿一日生活的有序、安全，避免婴幼儿伤害事故的发生。

（3）保障婴幼儿心理健康

托幼园所的法定代表人和开办者是日常安全及卫生保健工作的第一责任人，对于园所内部因工作过失对婴幼儿的身心发展造成不良影响和后果的人员及行为，应进行内部监督和责任追究。因此，托幼园所应建立安全责任制度，建立健全各岗位行为规范制度，保障婴幼儿的心理健康。托幼园所要严禁工作人员有虐待、歧视、体罚或变相体罚等损害婴幼儿身心健康的行为，一旦发现，将严格追究相关人员的责任。

2. 安全照护制度是托幼园所安全管理工作的保障

（1）安全照护制度是安全管理工作的重要内容和手段

托幼园所要规范、落实各项安全防范措施，防范园所内可能出现的各种不安全因素或隐患。因此，托幼园所应建立一整套的婴幼儿安全照护制度，这是托幼园所安全管理工作的重要内容，同时也是安全管理工作的重要手段。

（2）安全照护制度是安全工作要求的条理化、系统化

2016 年，教育部颁布了《幼儿园工作规程》，重点强调了安全管理问题，并对安全制度方面提出了明确要求，这些规定明确指出了必须遵守的安全行为准则和安全工作规程，使托幼园所对全园安全工作和全体教职工的要求条理化、系统化，有利于安全工作的落实和执行。

（3）安全照护制度使安全工作程序化、规范化和科学化

在托幼园所中，有些安全事件是可控的，有些是不可控的。通过安全照护制度的建立和执行，可以确保托幼园所的安全与稳定，有效预防和控制突发事件的发生，消除危害，使安全管理工作程序化、规范化和科学化。某托幼园所制定的一氧化碳中毒应急处理预案如图 1-1 所示。

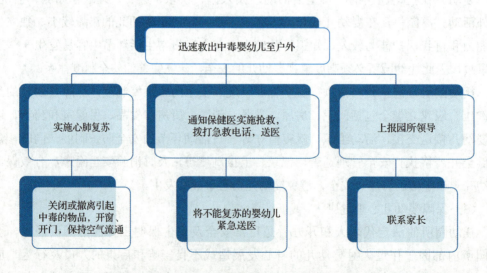

图 1-1　某托幼园所制定的一氧化碳中毒应急处理预案

（二）安全照护制度的内容

托幼园所的安全照护工作主要是为了控制风险，涉及保教、后勤、户外、饮食等多个方面。一般情况下，以工作类别划分，托幼园所的安全照护制度包括教学安全照护制度和后勤安全照护制度，而每类安全照护制度又可以进行细化。例如，教学安全照护制度包括交接班制度、婴幼儿接送制度、大型活动组织制度等；后勤安全照护制度包括设备设施排查制度、门卫管理制度、物品出入查验制度、值班制度、财务安全制度等。安全照护制度的建立，不仅能够提高相应工作人员的安全意识和责任感，还能在施行的过程中规范行为、明确责任，将事故消灭在萌芽状态。

（三）安全照护制度的制定依据

1）工作中存在什么风险？需要从哪些方面控制风险？
2）工作各环节之间的关系，也就是流程。
3）每个工作环节的具体要求。
4）相关法律法规的要求，并将法律法规的条款转化为制度的内容。
5）制度中需要被追溯的内容，设置记录的表格。

（四）安全照护制度的制定要求

1．切合实际，指明目标

在制定安全制度时，制定者要考虑本园所的实际情况，包括：托幼园所所在地区的气候特点，托幼园所的地理位置、建筑结构、面积、财力、物力、设备设施，婴幼儿的体质，等等。制定的制度既要符合现状，又要具有一定的超前性，这样才能被有效利用，并能指出努力的目标和方向。

 保育师支招

在某大中型托幼园所，一个班级至少有两位保育师，分别负责上午班和下午班。为了能够让下午班的保育师更好地了解班级上午发生的事情和婴幼儿的情况，在托幼园所交接班制度中要明确规定两个时段保育师交接班时所要沟通的内容。但是在某些小型托幼园所，每个班级全天只有一位保育师，班级所有的事情都需要这位保育师来处理和决定，因此就没有必要制定交接班制度了。

2．内容合理，操作易行

安全照护制度是托幼园所安全照护工作的准则，也是保教人员开展安全工作的抓手。各项安全制度的内容应明晰，条文应简单明了，容易记忆和掌握，只有这样才易于保教人员贯彻落实，也便于管理者检查和指导。

某园所针对婴幼儿食品安全制定的食品留样制度是这样规定的：

1）托幼园所食堂每餐为师生提供的每样食品必须由专人负责留样。

2）托幼园所每餐、每样食品留样必须按要求留足100克以上，分别盛在已消毒的餐具中。

3）留样食品冷却、取样后，必须立即放入完好的食品盒内，并用保鲜膜密封好（或加盖）以免被污染，必须标明留样时间、品名、餐次和留样人。

4）食品留样贴好标签后，必须立即存入专用留样冰箱。

5）每餐必须做好留样记录，以便检查。

6）留样食品必须保留48小时，期满后方可倒掉。

7）留样冰箱为专用设备，严禁存放与留样食品无关的其他食品。

此项制度对托幼园所食堂食品的留样做出了详细的规定和要求，内容具体到食品的留样重量、分类、标记和记录要求，这样的制度容易被相关人员掌握，也更方便在工作中实施与检查。

3．保持稳定，与时俱进

托幼园所颁布一项安全照护制度后，为保持其严肃性和执行力度，不宜朝令夕改、反复变动。

一般来说，只要是正式公示过的制度，就应该保持其相对的稳定性。但是，任何事物都是处在变化中的，托幼园所的安全照护制度也会随着时代的变革、园所具体情况的变化而发生变化。这就需要托幼园所管理者根据相应的变化，定期对安全照护制度进行适当的调整、完善和补充，让制度适应当下的形势，更好地为托幼园所的安全管理服务。

案例：一天下午离园时，小志家的保姆像往常一样，凭借接送卡将他接走。但是，他们走后没有多久，小志的家长也来接孩子了，很明显，他们并不知道保姆接走了孩子。小志的家长告诉保育师，他们发现保姆有盗窃行为，当天早晨已经将其辞退。

因为担心孩子可能会被保姆骗走，小志的家长立刻向公安部门报案。同时，小志的家长认为是园所的安全制度不完善、工作人员失职导致孩子被拐走的，要求园所对此事负责。

分析：在这起事件中，托幼园所已建立和执行了严格的接送制度，为每个孩子的家长提供带有孩子照片的接送卡，由家长或家长确认的委托人凭卡接送孩子。一年多来，小志家的保姆一直受家长的委托凭卡接送孩子。当情况发生变化时，家长并没有及时告知托幼园所他们已经终止对保姆的委托，也没有及时收回接送卡，导致保姆有可乘之机。所以，在这起事件中，园方没有过错，不应对此事承担法律责任。

支招：本次事件发生后，托幼园所的后勤领导迅速组织召开了相关会议，对原有的园门出入安全制度进行修订，增加了新的规定。

1）托幼园所必须建立完善的接送制度，明确家长、园方各自的责任，并形成协议。在婴幼儿家长首次领取接送卡时，应将协议交于家长，并签名确认。

2）教师和保育师必须明确协议要求，严格执行并对婴幼儿每天的接送情况进行记录。如发现异常，及时与家长联系。

3）家长应遵守托幼园所的接送制度，在接送婴幼儿的过程中，如遇情况变化，一定要主动、及时通知园方，以免发生意外。

托幼园所的后勤领导将修订后的制度及对此事件的分析材料提交园务会讨论。会后宣布了新制度，并明确了教学和后勤如何协同执行新制度。

发现问题后提出解决方案，对原有制度进行补充和完善，让制度紧随情况的变化，这样的做法与时俱进，可以优化制度。

4. 广泛民主，积极参与

在制定安全照护制度的过程中，管理者要充分认识到制度是为了规范托幼园所的安全管理行为，而不是为了管人；制度的实施不仅要促进托幼园所的发展，还要保证

教师、保育师和婴幼儿的安全。因此，在制定每项制度时，托幼园所要充分听取教师、保育师的意见及建议，同时，要注重培养他们的自主管理能力，激发他们的参与意识、能动性和积极性。

 保育师支招

　　某园教师和保育师的带班时间分为上午班和下午班，中午的时候，需要针对婴幼儿的情况进行交接。为此，托幼园所制定了交接班制度，要求教师和保育师在班级记录本上做好记录。由于制度中没有提出关于记录的规范性要求，很多人会根据自己的喜好随意记录，如婴幼儿来园人数、有无服药的婴幼儿、有无情绪波动的婴幼儿等。在园务会上讨论这一制度时，管理者同教师、保育师一起思考，提出统一印制交接班制式表格、交接班人员直接填写的方案。这项方案实施以后，教师感觉操作起来很方便，也避免了之前许多重复的劳动，这项制度的改革得到了保教人员的广泛认可。

　　安全照护制度制定的过程应该有教师和保育师的广泛参与，只有这样做，才能使托幼园所安全照护制度的建立符合全园教职员工的工作需求，适应托幼园所安全管理工作的进展，适应时代的需要。

 练一练

　　根据所学知识，选取保育师工作的某个环节，如晨检，尝试写出 2～3 条安全照护制度，如托幼园所晨检安全照护制度。写好后小组或同学之间交流，互相提出修改意见。

二、教学安全照护制度的制定

（一）相关政策法规内容

　　《国务院关于当前发展学前教育的若干意见》中规定："强化幼儿园安全监管。各地要高度重视幼儿园安全保障工作，加强安全设施建设，配备保安人员，健全各项安全管理制度和安全责任制，落实各项措施，严防事故发生。"

　　《幼儿园工作规程》第三章第十二条规定："幼儿园应当严格执行国家和地方幼儿园安全管理的相关规定，建立健全门卫、房屋、设备、消防、交通、食品、药物、幼儿接送交接、活动组织和幼儿就寝值守等安全防护和检查制度，建立安全责任制和应急预案。"第十三条规定："入园幼儿应当由监护人或者其委托的成年人接送。"

《幼儿园管理条例》第十九条规定："幼儿园应当建立安全防护制度，严禁在幼儿园内设置威胁幼儿安全的危险建筑物和设施，严禁使用有毒、有害物质制作教具、玩具。"

（二）常见的教学安全照护制度

1. 托幼园所安全接送制度

1）婴幼儿入园时间为 7:00～8:00；离园时间冬季为 17:00～18:00，夏季为 17:30～18:30。

2）托幼园所为每位婴幼儿制作一张电子接送卡，如有特殊需要可申请补办一张接送卡，教师、保育师及办卡工作人员要对婴幼儿接送卡进行记录并掌握办卡情况。

3）家长接送婴幼儿出入园时要先刷卡。

4）家长有事需要其他人代接婴幼儿时，必须提前短信通知班级教师或保育师，并按要求填写未持卡登记表，待确认后方可允许婴幼儿离园。

5）家长不得委托未成年人接婴幼儿，教师和保育师不得将婴幼儿交与未成年人接走。

6）对持卡但不熟悉的婴幼儿家长或亲戚要提高警惕，询问婴幼儿与来人关系，并与家长联系确认安全后，方可将婴幼儿交与来人。

7）要引导家长严格执行接送卡制度，对不能很好地执行接送卡制度的家长，要积极宣传、耐心说服、坚持原则、求得配合，以达到安全管理的目的。

8）婴幼儿接送卡是家长接孩子的凭证，告知家长要妥善保存，若遗失家长应第一时间通知班级教师或保育师；婴幼儿毕业离园时家长须交回接送卡，园内统一整理、销毁，以防后患。

2. 托幼园所午睡值班制度

1）值班人员在婴幼儿午睡期间要高度负责，严禁婴幼儿在床上蹦跳，培养其安静入睡的好习惯。

2）培养婴幼儿学习穿脱外衣、鞋等基本生活技能。

3）用亲和的方式督促婴幼儿入睡，30 分钟内入睡率应达到 90%。

4）照顾婴幼儿午睡时，值班人员不得擅自离岗。

5）注意婴幼儿的午睡姿势（不蒙头、不俯卧、不咬被角、不吸吮手指等），帮其

盖好被子。

6）午睡期间，值班人员要经常巡视、细致观察，加强对体弱儿、病患儿的观察与照顾，发现异常及时处理，并做好记录。

7）留意多尿的婴幼儿，天冷季节若婴幼儿上厕所应提醒其披上外套。

8）午睡时保持安静，保证睡眠时间，按时起床，指导和帮助婴幼儿穿衣服、叠被子等。

9）午睡前后，保育师要协助值班教师做好婴幼儿的就寝工作，严禁婴幼儿蒙头睡觉，憋气，将危险物品放入口腔、鼻腔、耳朵等部位，上下床玩耍，衣服缠到脖子、手腕等部位，杜绝午睡期间安全事故的发生。

10）午睡期间，值班人员须锁好班级所有门，提高警惕，不得私自开门，遇特殊情况应向领导请示。

3. 托幼园所食品、药物管理制度

1）食品、药物实行定点采购，需在具有相关资质的正规商超、药店购买，并按要求索取相关证件。

2）切实加强食品、药品卫生管理，建立食品药品进货、使用登记，要有专人负责验收登记、专人保管并分类放置，防止误取。

3）严格执行食品采购索证制度、库房管理规定，严把食品采购关，严格执行卫生"五四"制①。

4）要妥善保管婴幼儿自备药物，放置在专门药箱，家长要认真填写服药登记表，教师和保育师要根据服药登记表所记录的事项（婴幼儿姓名、药名、药量、服药时间）仔细核对，杜绝婴幼儿自己取药自服。对婴幼儿自备剩余药品当天带回，不准隔夜存放，确保婴幼儿安全。

5）保健室一切医疗器具不得外借，定期清洁消毒，特殊及有毒药品由专人保管，并放置在婴幼儿接触不到的地方，防止事故发生。

6）定时盘点并及时检查食品、药物的质量、数量，防止腐烂变质、虫蛀现象发生，有过期霉变的应立即停止食用。

---

① 托幼园所食品卫生"五四"制具体包括以下内容。一是由原料到成品实行"四不"制度：a. 采购员不购买腐烂变质原料；b. 保管员、验收员不收腐烂变质原料；c. 加工人员、厨师不用腐烂变质原料；d. 各班教师不给婴幼儿食用变质食品，不用手拿食品，不用不洁材料存放和包装食品。二是成品食品存放实行"四隔离"：a. 成品与半成品隔离；b. 生熟食品隔离；c. 食品与药物隔离；d. 食品与天然水隔离。三是用（食）具实行"四过关"：一洗、二刷、三冲、四消毒（蒸汽或开水消毒）。四是环境卫生实行"四定"：定人、定物、定时、定质量，划片分工包干负责。五是个人卫生做到"四勤"：勤洗手剪指甲、勤洗澡理发、勤洗衣服被褥、勤换工作服。

4．托幼园所安全防范制度

1）成立保卫安全组，确定职责要求。每月召开一次工作例会，月末进行安全培训教育及全园性安全大检查，并及时做好记录，确保不留任何安全隐患。

2）保卫安全组要认真分析园所的安全工作情况，预测可能发生的安全隐患，做到及时排查，对已发现的安全隐患必须在第一时间内进行整改。

3）安全员、班组长、小班长做好日常安全检查工作，认真检查所负责的班级及部位。

4）坚持门卫值班制度，家长在托幼园所规定的时间接送婴幼儿出入园，其他时间非工作人员未经园所领导允许不得入园。

5）加强婴幼儿晨检工作，防止婴幼儿将尖锐物品、硬物、异物等不安全物品带到园所，杜绝患传染病的婴幼儿入园。

6）严格执行接送卡制度，坚持使用接送卡接送婴幼儿，严禁婴幼儿自行出走。

7）严格遵守教工值班制度、婴幼儿一日安全防护要求、交接班制度。

8）带班教师和保育师要精力集中，坚守工作岗位，确保婴幼儿的一切活动在视野范围之内，组织活动前要向婴幼儿讲明规则及防护要求，确保婴幼儿安全。

9）安全员定期检查房舍、设备、大型玩具的安全，如有损坏要及时报修，消除安全隐患，使用设备时应严格遵守操作规程。

10）班级所用消毒液、暖瓶、剪刀等危险物品要妥善保管，放置在婴幼儿触摸不到的地方，以免发生误食、误伤。

11）坚持正面教育，严禁体罚或变相体罚婴幼儿。

12）对婴幼儿进行安全用电、防火、防水、守纪、友爱等常识教育，提高婴幼儿的安全意识和自我保护意识，做到防患于未然。

13）加强食堂的食品验收制作管理，严防食物中毒。

14）工作人员下班前注意关好门窗，切断电源，做好安全防火防盗工作。

15）节假日值班人员要加强巡视，发现情况及时向有关部门报告。

16）牢记相关部门电话，如火警电话119、公安报警电话110、急救中心电话120。

分组尝试制定托幼园所交接班安全管理制度。

三、后勤安全照护制度的制定

（一）相关政策法规内容

《幼儿园工作规程》第十四条规定："幼儿园应当严格执行国家有关食品药品安全的法律法规，保障饮食饮水卫生安全。"

《托儿所幼儿园卫生保健管理办法》第六条第一款规定："托幼机构设有食堂提供餐饮服务的，应当按照《食品安全法》、《食品安全法实施条例》以及有关规章的要求，认真落实各项食品安全要求。"第七条规定："托幼机构的建筑、设施、设备、环境及提供的食品、饮用水等应当符合国家有关卫生标准、规范的要求。"

《教育部 公安部关于加强中小学幼儿园消防安全管理工作的意见》（教督〔2015〕4号）中规定："开展防火巡查。学校应当每日组织开展防火巡查，加强夜间巡查，并明确巡查人员、部位。食堂、体育场馆、会堂等场所在使用期间应当至少每两小时巡查一次，对巡查中发现的问题要当场处理，不能处理的要及时上报，落实整改和防范措施，并做好记录。重点巡查以下内容：一是用火、用电、用气有无违章情况；二是安全出口、疏散通道是否畅通，疏散通道及重点部位锁门处在应急疏散时能否及时打开，安全疏散指示标志、应急照明是否完好；三是消防设施、器材和消防安全标志是否在位、完整；四是常闭式防火门是否处于关闭状态、防火卷帘下是否堆放物品影响使用；五是学生宿舍、食堂、图书馆、实验室、计算机房、变配电室、体育场馆、会堂、教学实验、易燃易爆危险品库房等消防安全重点部位管理或值班人员是否在岗在位。"

（二）常见的后勤安全照护制度

1. 托幼园所建筑安全管理制度

1）健全托幼园所的房屋档案，建立房屋档案管理制度，加强对校舍建筑图纸资料，以及供水、供电、供气设计图和施工图纸资料的管理。

2）对在建工程的日常安全管理，严格要求施工单位按照国家有关建筑施工的安全管理规程进行施工，并设立明显的警戒线和警示标志，禁止一切非施工人员、不按照安全要求着装的人员进入施工现场。

3）加强对危房的日常管理和监控，发现危房应立即停止使用，并在周围设置明显的标志，明确禁区，严防婴幼儿误入，确保安全。

4）对围墙、花台、窗台、墙体附属物及其他绿化设施进行日常安全维护与管理。

2. 托幼园所门卫管理制度

1）坚守岗位，不擅离职守。

2）做到衣着整洁，注重仪表、以礼待人。

3）工作期间不随意接打私人电话、会客。

4）严格履行出入检查制度。对出入人员进行身份核查并做好登记工作。有提前预约、重要来访或难以说明具体情况者，门卫要及时通知相关人员，确认后方可进入。

5）指挥接送、来访人员的车辆停放在指定位置，进入园内车辆（教职工车辆、食堂购物车辆、送货车辆）减速慢行，自行车、电动车一律推行进入，以保障婴幼儿安全，确保园所正常秩序。

6）与家长护园队、社区保安员及辖区民警保持密切联系，牢记火警电话、公安报警电话、急救中心电话，学会使用防爆器材，遇紧急情况快速反应，及时汇报，确保园所人员及财产安全。

7）采取严密防范措施，定时开关大门，确保出入安全。

8）做好夜间巡查，对活动室及办公室、消防设施、水电开关等安全情况进行排查，发现隐患，及时处置，并向园所领导报告，同时做好检查记录。

9）认真填写值班记录、来客来访登记、保安巡查登记等，项目内容全面、准确。

10）对违反制度、情节严重者，托幼园所将根据相关规定对其进行严肃处理。

3. 托幼园所饮食安全制度

1）严格贯彻执行《中华人民共和国食品安全法》（2021年4月修正）（以下简称《食品安全法》），搞好饮食卫生，防止食物中毒。

2）托幼园所伙食由专人负责，建立伙食委员会，由伙食委员会监管，定期讨论园所伙食安全等事项。

3）科学制定适合婴幼儿各年龄生长发育所需的食谱，并定期计算婴幼儿进食量、营养量，保证婴幼儿在园所用餐的营养，并将测算结果在园内公示栏定期公布。

4）采购的食品来源清楚，认真核对"三证"，保证新鲜，注意食品有效期，不购买可疑食品。与食品供应商签订食品安全协议，保证食品质量。

5）食品必须符合卫生要求，不采购、不验收、不使用腐烂变质的原料和成品，杜绝熟食进园，严把食品质量关（不得食用过夜剩饭菜），每餐采样留存48小时。

6）生熟食品要分开存放，所有熟食加盖保存，坚持厨具、餐具清洗消毒制度，防止食品污染。

7）严守食品加工过程，食堂工作人员坚持养成操作前洗手的习惯。各种原料加工做到一择、二洗、三清、四切。加强加工环节的卫生管理、检验或检查。

8）保育师及食堂工作人员每天要对婴幼儿所有餐具严格消毒。

9）供应伙食，冬天要做到"四热"（热饭、热菜、热汤、热开水），夏天要做到"四温"（温饭、温菜、温汤、温开水）。

10）存放食物要卫生、安全，要离地、离墙、加盖。

11）食品从业人员要定期进行健康检查，并及时做好健康证管理工作。

12）加强食品从业人员卫生知识培训，对食品卫生工作进行督查，对违反食品卫生法规的行为进行批评、制止。

4. 托幼园所消防安全制度

1）保卫消防工作实行"预防为主，谁主管谁负责"的方针。

2）行政主管领导、法人代表对安全保卫工作全面负责。各班主要负责人对各班安全保卫消防工作全面负责。

3）各班经常进行自我安全检查。

4）各班须明确一名教师或保育师协助负责保卫消防方面的工作。

5）定期对消防器材进行检验，并参加上级部门组织的有关学习、培训。

6）对各班的降温、取暖用电、照明用电、设备用电等电器实行专人负责管理。

7）不乱拉、乱接电源，严格控制大功率用电设备，电源设备由专人负责。

8）严禁在廊道上堆放易燃、易爆物品。

9）下班前要检查门、窗是否关牢，电源是否切断。

 练一练

尝试制定托幼园所校车安全管理制度。

 **任务检测**

一、判断题

1. 安全照护制度是通用的，不必考虑本园实际情况。（　　　）
2. 安全照护制度是园所管理工作的规范和准则。（　　　）
3. 建立安全照护制度是托幼园所安全管理工作的首要保障。（　　　）

二、简答题

制定托幼园所安全照护制度的具体要求有哪些？

分角色模拟当家长委托他人代接婴幼儿时，与本班保育师沟通，领取并填写委托书（图1-2）的工作过程，探究委托书填写中应注意的问题。

委 托 书

_____班的_____的家长委托_____在_____（时间）

接_____。孩子被接后，委托人_____对孩子的安全负全责。

委托人签名：

受托人签名：

填表时间：   年 月 日

图1-2 委托书格式

托幼园所周边环境治理制度

1）与社会各界加强联合，密切关注与监控周边环境，加强对食品卫生、文化活动、社会治安等方面进行综合性治理，营造良好的育人环境。

2）在做好内保工作的同时，重视周边环境的安全治理工作，主动联系辖区的派出所、综合治理办公室等部门，共同抓好治理工作。

3）值班人员除做好园内的巡视工作，还要注意对园外附近环境的巡查，发现社会闲散人员、有暴力倾向或疑似精神病人在托幼园所周围徘徊，要提高警惕，时刻注意其动向。如果有人对婴幼儿进行人身攻击（或伤害），要立即上前阻止，并及时向园所领导汇报。园所领导要以最快速度赶往现场，设法保护婴幼儿的安全，情况严重时要及时向上级报告，同时报告当地派出所。

4）经常排查托幼园所周边环境，在园所周边200米范围内设立有易燃、易爆、剧毒、放射性、腐蚀性危险物品的生产、经营或储存单位的，或设有黑网吧等对婴幼儿身心健康有危害的娱乐场所的，立即报告政府部门和公安部门，由公安部门取缔。

5）聘请交警担任托幼园所的法制副校长，负责治安防范、交通和消防安全宣传教育工作，每学期做一次讲座。

6）定期进行消防监督检查，每日进行防火、防盗巡查。

7）杜绝不健康音像制品和书刊进入托幼园所。

8）每天早晚接送婴幼儿时，安排管理人员及家长护园队维护园所安全，确保婴幼儿安全离园。

9）托幼园所成立突发事件处理应急小分队，随时处理突发事件。

10）加强托幼园所周边治安联防，努力创设安全文明的托幼园所环境。

1）制定托幼园所的安全照护制度有哪些具体要求？

2）教学安全照护制度主要有哪些？

3）后勤安全照护制度主要有哪些？

任务二　托幼园所安全照护相关制度的落实

政策的制定者与政策的执行者是处于不同岗位的工作者，由于考虑层面不同，面对的问题不同，在政策执行中难免会出现偏差。那么，托幼园所应如何避免制度的"制定"与"落实"不符的情况？如何营造自由、宽松的工作氛围？托幼园所的领导者应如何保证园所安全照护制度的执行及全园教职工的监督工作？

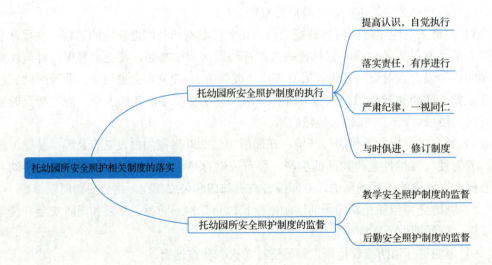

※ 知识目标
1）掌握托幼园所安全照护制度，并按制度认真执行。
2）明晰托幼园所安全照护工作的重要性，主动承担监督工作。

※ 能力目标
1）能严格按照托幼园所安全照护制度的要求，落实到园内工作的每处。
2）能够模拟或到岗进行安全照护实践工作。

※ 素质目标
1）提升思想，认真观察，诚实守信，敢于承担岗位责任。
2）热爱托幼园所工作，将本园制度内化于心，为提升园所照护质量而努力。

一、托幼园所安全照护制度的执行

托幼园所安全照护包含教学工作安全照护制度和后勤工作安全照护制度。教学工作安全照护制度主要包括园所授课教师、保育师间的交接班制度，婴幼儿接送制度，以及大型活动组织制度等；后勤工作安全照护制度则包含园所内的设备设施排查制度，园所门卫管理、值班制度，以及物品出入查验制度、财务安全制度等。

作为托幼园所的管理者，首先应提高教师思想认识，促进教师自觉遵守照护制度，在教学工作中主动执行；其次在执行中，应做到公平、公正、公开，保证做到一视同仁，奖惩分明，严整园所纪律，规范交接班、值班制度，规范接送婴幼儿秩序，做到有条不紊、有序进行；同时要明确职责，细化分工，责任落实到人；最后应与时俱进修改制度，做到全园上下共同维护、执行教学安全照护制度。

（一）提高认识，自觉执行

作为托幼园所的管理者，应加强自我认知能力、自我管理能力，为全园上下起到先锋模范作用，时刻反思自我，警惕周围环境动态，心胸豁达，勇于接触新事物，善于学习，做勇于创新的开拓者，引领全园教职工共同进步。

托幼园所的管理者还应时刻关注园所内教职工的思想动态，及时纠正不良风气，按时召开工作总结会议，善于团结园内所有教职工，为本园荣誉共同努力。一名合格的管理者在实际工作中应具有较强的协调组织能力，善于同舟共济、与下属做好情感沟通，理顺人际关系，凝聚全园之力、向心之力。否则，即使管理者自身能力再强，

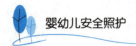

若不能凝聚全员之力，不善于和别人进行情感沟通，也难以成为合格的管理者。

作为园所内的一分子，无论是园内授课教师还是保育师，都是托幼园所中的一员，在实际工作中的成果往往需要组织成员齐心协力、团结协作来取得。无论哪一部门、哪一岗位、哪一环节出现问题，都会使园所受到影响，一荣俱荣，一损俱损。为此，保育师应自觉遵守园所规章制度，树立全园一条心、共下一盘棋的大局观，为把园所建设成优质园、示范园而奋斗。

（二）落实责任，有序进行

落实责任到人，明确分工，避免园内教职工萌生逃脱意识，以及"责不在我"的事不关己的工作态度。为此，托幼园所应制定分级负责制，明晰园内各岗位人员的工作内容及在岗职责。

1）保育师应明确交接班制度、婴幼儿接送制度、大型活动组织制度等的具体内容要求。例如，明确婴幼儿入园、离园秩序的维护者，大型活动策划者，安全负责人，婴幼儿节目编排组织者等。

2）园长管理层、后勤保障部门及门卫值班者应做好室内外设备设施定期排查、财务保障、园内出入物品查验、人员的出入查验等，层层分解、细化分工，各部门、教职工明确工作内容、时间、职责及惩戒制度，规范行为，塑造安全有序的园内氛围。

3）若托幼园所内有对本职工作内容质疑或难以胜任者，领导者可先与其沟通，进行思想上的疏导；若有不可调整的理由，可再调整工作内容，以缓解其职业压力，避免其在工作中产生应付了事、厌倦的心理，造成职业倦怠。只有营造宽松、和谐的工作氛围，才能使保障制度更好地落地执行。

（三）严肃纪律，一视同仁

托幼园所安全照护制度不是单独为某一部门或教师制定的，而是为园所所有工作人员制定的，园所管理层应起到带头示范作用，一视同仁，一切都严格按制度执行。

为在托幼园所内起到激励与约束的作用，托幼园所的管理者可采取奖惩并施，"有功必赏，有过必罚"的奖惩制度。作为园所内规范员工行为和激励员工工作的重要手段，托幼园所安全照护制度的制定应遵循一定原则，起到行动上约束、态度上关切的作用，避免员工产生厌烦、抵触的心理。

托幼园所内的奖惩制度具体表现为奖惩的方式、方法必须有事先的约定，无论是奖励还是惩罚都必须对应不同的行为和行为程度，有明确的奖惩的方式、方法限定；奖惩的程度必须是事先共同进行的约定，所制定的奖惩依据必须全面公开，管理者和被管理者都能准确、全面地把握其具体内涵和要求，避免发生为了奖励而奖励、为了惩罚而惩罚的无效活动；奖惩的依据应严格明确、保持相对稳定，只有奖惩细则简洁易懂，园所内每人谙熟于心，才具有约束力。另外，即使要修改也必须有让人认同的理由，避免把这种奖惩依据变成没有约束力的文字游戏。

在明确各项制度的同时，托幼园所还应保证政策的执行力度，建立和完善奖惩机制，明确奖惩实施细则、负责部门及负责人，使应该获得奖励的人能够根据自己的行为主动申报奖励，同时也使该受到惩罚的人受到相应惩罚。托幼园所内还应明确奖惩明细，以保障政策落地执行。针对违背制度者，应告知其违反条例，并按其违反程度、违反次数，采用具体问题具体分析的方法，按惩戒要求严格执行。

例如，托幼园所的教师交接班制度、值班制度是为平衡各保育师的工作时间而确立的，早晚班交替时间、日期等应按要求严格执行。若迟到、早退、随意串班导致"空岗、无人"等情况，应按奖惩明细采取取消评优资格、通报批评等手段，约束教职工的行为。

（四）与时俱进，修订制度

规章制度不是一成不变的，随着时间的推移，托幼园所中的婴幼儿逐渐成长，表现出新的学习特点，保教工作也会出现新问题、新情况，导致原定制度已不适应新环境的要求。为强化制度适用性，提高管理效能，符合新时代托幼园所的育人目标，提升保育师素质，营造宽松、自由、民主的工作氛围，各托幼园所内的安全照护制度需不断完善、修订。

修订前仔细研读相关法律法规，依照国家、本省市对托幼园所的要求，规范办园行为，响应新时代、新形势及社会发展新需要，明确修改方向。结合园内教职工反映的问题，拟定具体完善的内容。

修改中设立意见箱，鼓励全园所教职工积极参与，以增强全体员工的践行积极性；还应切实关注本园内制度执行者的情况，形成完善可执行的照护制度，促成全园教职工共同遵守执行。

最后，邀请园内外的知名学者、园长、专家提供建议，作为拟增加或减少某一条例的参考依据，并以此拟定书面初稿，园内传阅，结合各教职工的意见形成终稿，在园内公布栏进行公示。

根据已有经验和视频，列出托幼园所内教师的交接班时间，并谈谈你喜欢的交接班制度。教师交接班记录如表 1-1 所示。

表 1-1　教师交接班记录

班级	交班教师	接班教师	交班时间

二、托幼园所安全照护制度的监督

托幼园所是婴幼儿一日生活的主要场所，为保证婴幼儿身心安全，教育工作者应根据本园所安全照护制度，在教学前做好交接班制度、婴幼儿接送制度及大型活动组织制度的详细执行计划。另外，保障后勤的工作者应定期排查、维修托幼园所的设备设施，落实门卫值班制度及物品出入查验制度，监管园内财务支出、收益，保证园所财务安全等，确保园所安全运行。

（一）教学安全照护制度的监督

建立教学安全照护制度的监督制度，约束、要求教师和保育师的行为，并形成定期核验、检查的追踪机制，学期末作为考核参考依据。

1）成立园内检查小组，初期每周检查交班表、婴幼儿接送时间表，通过例会反馈。中期按月抽检，逐月记录并生成本学期教学安全照护执行记录表。

2）强化民主监督，设立意见箱，不仅包括园内的授课教师、保教工作教师，还包括来园参观的家长及社区工作者，如有发现违反规定者均可提出意见、建议。另外，通过在园内张贴本托幼机构的教学安全照护制度，明确条例，附带解释每一岗位教职工工作职责，针对来园参观者进行详细解释，方便多方、全面监督。

3）借用现代科技手段，推行制度与技术的有机结合，可通过园内监控设施管理保育师、授课教师等，借助园所对外公众号、园所官方认证账号等公开社交平台接受社会监督，全方位贯彻、落实园所教学工作的安全照护制度。

（二）后勤安全照护制度的监督

后勤工作是保证托幼园所安全、有序进行的重要环节，从入园门卫、值班制度到园所财务安全仅靠园长、管理者监督是不够的，应面向全园、全社区、所有家长，通过扩大监督群体，借助园内官方平台，构建后勤服务监督群体，明确其职责、监督对象及反馈对象，共同维护托幼园所安全稳健运行。

托幼园所可开通微信公众号、短视频官方平台、微博认证等媒体平台，请社会大众共同监督，公布监督对象（如门卫、保安、后厨工作者等），并通知受监督人员，促进其形成心理认知，时刻警惕，做好本职工作。

明确监督内容。例如，门卫是否按时在岗，出入物品是否按要求查验；厨房食品采买地点是否是园所规定地点，厨房采购食品是否符合国家要求，加工时工作人员穿戴及操作等是否符合规定。若发现与要求不符、出现问题可先拍照取证，再通过采用私信联系工作人员等方式，收集社会群体意见。

根据所学知识，制作托幼园所保育师教学安全照护执行记录表（表1-2）。

表1-2　托幼园所保育师教学安全照护执行记录表

班级	保育师姓名	交班时间	按时填写婴幼儿接送时间	备注

任务检测

一、判断题

1. 托幼园所安全照护制度依法制定，为保证园内教职工熟悉内容，严格遵守，所以一经制定永不修改。（　　）

2. 托幼园所安全照护制度是为约束婴幼儿教师和后勤等工作人员，园长、社区工作者可不必遵守。（　　）

3. 托幼园所户外娱乐设施有厂家保障，定期派人维修，所以托幼园所不需派人查验。（　　）

4. 托幼园所的教师交接班制度、值班制度是为平衡教师工作时间而确立的，并且早班晚班交替时间、换班日期等应按要求严格执行。（　　）

5. 托幼园所可开通微信公众号、短视频官方平台、微博认证等媒体平台，请社会大众共同监督。（　　）

6. 托幼园所在制定和修订本园规章制度时应依照国家、本省市对托幼园所的要求，规范办园行为，响应新时代、新形势及社会发展的新需要。（　　）

二、简答题

1. 作为托幼机构管理者，应如何制定托幼园所内奖惩制度？
2. 托幼园所应如何保证本园的安全照护制度能照例执行？

分组讨论托幼园所内监督后勤工作的方法；尝试模拟托幼园所场景，并依据职业角色进行实训演练，做好反馈记录；分析该监督方法施行前后的变化，验证该监督手段是否能明显促进后勤安全照护制度的执行。

托幼园所安全工作奖惩制度

1）逐层签订安全工作责任书。各岗位根据自己承担的安全责任，做好日常的排查整改、定期汇报、排除隐患等工作，园所将以此作为考核的依据。

2）安全工作小组在日常的安全工作管理过程中，不定期检查各项安全工作，对检查情况做好记录，作为学期安全考核的主要依据。

3）园所对各岗位的年度考核，以安全工作的完成情况作为首要考核依据。安全工作考核、奖惩实行公开、公平的原则，年度考核、奖惩情况向全园教职工公开，计入量化考核成绩。

4）对在安全工作中做出突出贡献的班级和个人给予奖励。

5）对违反工作纪律，不遵守工作制度，不服从管理，给工作带来不良影响的岗位工作人员进行责任追究。依情节轻重，实行诫勉谈话、责令做出书面检查、通报批评、移交上级主管部门处理。情节特别严重的移交司法机关处理。

6）园所安全考核工作实行"一票否决"，凡是出现安全责任事故的岗位工作人员，取消当年评优、评先等各种荣誉的评选资格，并报请上级主管部门给予严肃处理。

1）托幼园所安全照护制度的执行应注意哪些方面？

2）托幼园所教学安全照护中，保育师值班及接送婴幼儿的时间安排是否合理？如何满足各保育师的值班排班时间诉求？

任务三　托幼园所安全照护的应急预案

2008 年汶川地震时，安县（今安州区）桑枣中学创造了 2300 名学生 1 分 36 秒安全撤离的奇迹，无一名教师和学生伤亡；无独有偶，2019 年四川资中地震，自贡金苹果幼儿园教师组织幼儿在 12 秒内撤离。在后来采访中，自贡金苹果幼儿园教师告诉记者，在这么短时间就可以有序地逃生，与他们平时的模拟演练和应急对策是分不开的。

托幼园所不仅要保障婴幼儿一日活动的正常开展，还要处理好意外事故、自然灾害等不可预料、不可抗拒的突发事件。当意外发生时，托幼园所最重要的工作就是保证婴幼儿的身体健康和生命安全。作为保教工作者，应当如何应对意外事故和自然灾害、保证婴幼儿的安全呢？

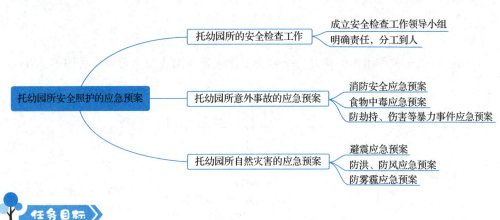

※ 知识目标

1）了解托幼园所安全工作的责任和分工。

2）熟知托幼园所意外事故和自然灾害的应急预案。

※ 能力目标

1）具备安全事故发生时的应急处理能力。

2）能根据安全预案模拟演练托幼园所的安全应急工作。

※ 素质目标

1）珍爱生命，具有应对安全事故的敏锐性和责任心。

2）提高安全事故防范意识，建立并完善应急救援机制。

3）能在安全事故中关爱婴幼儿，具有舍己为人的精神。

一、托幼园所的安全检查工作

为了保证托幼园所能够及时、高效、有序地应对各种可能发生的突发事件，保障婴幼儿和教职员工的生命安全，要高度重视托幼园所的安全检查工作。

（一）成立安全检查工作领导小组

成立安全检查工作领导小组，确保托幼园所的各项活动正常开展。安全检查工作领导小组成员如下。

1）组长：园长。

2）副组长：后勤副园长、保卫科长、教学主任。

3）成员：保健医生、班组长、门卫。

（二）明确责任，分工到人

托幼园所安全工作组织结构及安全检查工作领导小组成员主要职责如图1-3所示。

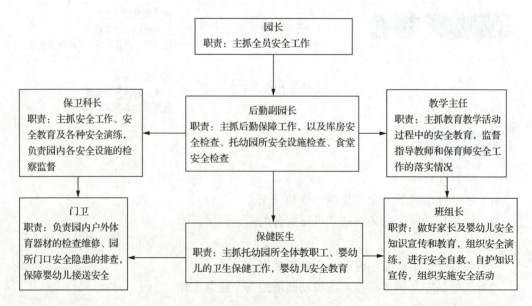

图1-3　托幼园所安全工作组织结构及安全检查工作领导小组成员主要职责

采用思维导图或表格的形式体现托幼园所安全检查工作领导小组的成员。

二、托幼园所意外事故的应急预案

托幼园所的常见意外事故有火灾、食物中毒、劫持、伤害等，为保障婴幼儿和教职工的生命安全，针对以上意外事故，拟订应急预案。

（一）消防安全应急预案

1．日常安全照护

1）不断完善防火设施，每班配有紧急疏散图，贴在醒目位置，绿色通道标志明显。安全检查工作领导小组要定期检查，保证应急灯能正常使用。

2）婴幼儿在园所活动时，活动室前后门、走廊门必须处于打开状态，各通道必须保持畅通。

3）加强对婴幼儿和教职工进行防火安全知识的教育与培训，定期进行防火演练活动，要求教职工学会使用灭火器、婴幼儿熟练掌握逃生技能。

4）托幼园所食堂的操作间、加工间要保持通风，不允许外人进入。同时，油烟机要定期清洗，做到不留油垢。

5）增强防火意识，不允许任何人在托幼园所内吸烟。

2．安全应急措施

1）发现火灾后，立即拨打119火警电话。在报警电话中，要说明以下情况：起火单位、位置、着火物、火势大小、火场内有无化学物品（如果有，要说明化学物品类型）、着火部位，以及报警人姓名、单位及所用电话等，并派人员在醒目处等候接车。

2）报警的同时，开启消防电源，打开应急照明设施和安全疏散标志。

3）立即组织婴幼儿疏散至安全的地方，保证婴幼儿安全，不得组织婴幼儿灭火。

4）在消防人员到达前，由灭火行动组尽力控制火势蔓延。若火场内有人员，则应用灭火器具减弱火势对人员的威胁，全力疏散、抢救人员脱险逃生。

5）灭火行动组应分秒必争，迅速行动，找准着火点，果断扑救，抓住时机，不等不靠，为继续开展全面深入的扑救工作打下良好基础。

6）无关人员要远离火场，保持道路畅通，便于消防车辆驶入。

7）扑救固体物品火灾，应使用灭火器；扑救液体物品火灾，应使用灭火器、砂土、

湿棉被等，不可用水。

（二）食物中毒应急预案

1．日常安全照护

1）严把食品原料进货关。托幼园所的采购人员要做到严格把关、定点采购，确保所采购的原料符合相关规定，从源头上把好食品卫生关。

2）严把食堂仓库关。托幼园所食堂仓库的钥匙要由专人保管，要求库房门口有明显标记并安装摄像头，非食堂工作人员不得进入食堂库房。托幼园所要定期对库房里的食材进行检查，发现变质食材要及时处理，坚决杜绝变质食材流入餐桌。

3）严把餐具消毒关。托幼园所每餐都要对食堂、餐具进行严格消毒，确保餐具清洁卫生，防止出现因交叉感染而引发的食物中毒事故。

4）严把留样关。对每餐的饭菜要做好留样工作，至少取每餐饭菜 100 克密封好并放入冷藏箱内保存 48 小时。

5）食堂应对食品加强卫生管理，特别是肉类、鱼类和奶类等动物性食品，要防止其在生产加工过程中受到污染。

6）食堂工作人员要重视个人卫生，定期体检，发现有不宜从事食堂工作的人员应及时调离。

7）控制细菌污染。主要措施就是低温保藏，按照食品低温保藏的卫生要求贮存食品，防止食品腐烂变质。

2．安全应急措施

1）树立食品卫生安全意识，时刻警惕食物中毒事件的发生，发现可疑病情后（食用某一食品后，两人以上出现同一疑似食物中毒症状）及时向园长报告。

2）以最快速度将中毒人员送往就近医院，无交通工具时，拨打急救中心电话请求帮助。

3）保健医生封存所有剩余可疑食物及原料、工具、设备，保护好中毒现场和食品留样，并收集相关病情信息、食物及加工原材料，协同卫生部门进行事件调查、处理。

4）立即组织教职工陪护，无关人员未经批准不准到医疗单位探视，以免影响治疗秩序。

5）由上级教育主管部门向卫生防疫部门报告。

6）做好思想工作，稳定婴幼儿与家长的情绪，落实专人接受新闻部门采访、应对社会质询，协助上级有关部门做好善后工作。

（三）防劫持、伤害等暴力事件应急预案

1．日常安全照护

1）加强法制和安全教育，提高自我保护意识。

2）严格门卫管理制度。接送婴幼儿的家长必须持接送卡方可入内。外来人员入园时要与保卫科长电话联系，同意后进行登记方可入内，未经允许一律不得入园。对强行闯入园所者，门卫应及时将闯入者驱逐出托幼园所，并向其发出警告。门卫立即关锁大门，并向托幼园所安全事故领导小组报告。对于送菜、送食品、水电维修等特殊外来人员，由本园经办人到门口核实，登记后方可进入托幼园所。

3）托幼园所门卫室应配备必要的警务装备。

4）加强对园所内有异常行为工作人员的监控，劝其在家休养治疗，并给予照顾帮助。

5）对可能引起矛盾激化事件的当事人要逐一排查登记，耐心接待，全力做好化解工作。

2．安全应急措施

1）托幼园所内发现不良分子袭击、行凶等暴力侵害时，应立即呼救和报警，拨打110、120等电话请求援助。

2）迅速将婴幼儿疏散至安全的地方，并稳定婴幼儿的情绪。

3）保护现场，配合警方调查，在警方的指导下维持秩序和进行善后处理。

4）若出现人员受伤情况，应立即将伤员送往就近医院抢救，并通知其家属。

5）如发生劫持人质事件，园方要派应变能力强、口才较好的人员与歹徒周旋，尽力规劝其终止犯罪行为，同时园方要全力保护好在现场及附近的其他婴幼儿。

6）园方要稳定幼儿情绪，做好善后处理工作。

托幼园所发生火灾时，需要采取哪些应急措施？试分组模拟演练。

三、托幼园所自然灾害的应急预案

托幼园所常见的自然灾害有地震、洪水、风灾和雾霾天气等，为避免自然灾害对婴幼儿身体健康和生命安全造成伤害，应制定关于自然灾害的应急预案。

（一）避震应急预案

1．日常安全照护

1）重视防震减灾知识的宣传教育活动。要让婴幼儿了解地
震发生的原因、地震时的现象、地震前兆等知识，以增强婴幼
儿防震减灾的意识，发现异常情况要及时报告，提高其抵御灾
害的能力。

微课　避震应急措施

2）婴幼儿进行室内活动时，所有活动室、楼道通道和大门都不能加锁，楼道内不
允许堆放杂物，要保证所有通道畅通无阻。

3）定期组织对建筑设施和园舍的检查。对处于危险建筑物中的人员、财物、主要
文件等进行疏散或安全转移。

4）根据破坏性地震应急时的职责，对全体教师及相关人员进行抗震知识的培训。

2．安全应急措施

1）地震发生时，教师和保育师要保持镇定，切莫惊慌失措，立即组织室内的婴幼
儿就近躲避。采用俯卧或蹲下的方式，躲到桌子下面或墙角：在桌子下面躲避时，一只
胳膊弯起保护眼睛不让异物击中，另一只手用力抓紧桌腿；在墙角躲避时，把双手交叉
放在脖子后面保护自己，可拿书本等物遮住头部和颈部。不要靠近窗口，不要逃离活
动室。

2）听到警报后，由教师或保育师组织本班婴幼儿按照托幼园所规定的紧急疏散线
路快速、有序地撤离教学楼，到操场指定地点集合；要保持镇静，不要无序奔跑，以免
造成秩序混乱。

3）撤离到集合点后，教师和保育师应立即清点婴幼儿人数，并向负责人进行汇报，
以确保婴幼儿全部安全撤离，同时稳定婴幼儿的情绪。

（二）防洪、防风应急预案

1．日常安全照护

1）充分利用各种渠道进行防洪抗汛知识的宣传教育、组织。对全园人员进行防洪
抗汛知识的普及教育，广泛开展防洪抗汛中的自救和互救训练，不断提高托幼园所师
生防洪抗汛的意识和基本技能。

2）加强检查和防范工作。保持园内交通、排水设施畅通，对园内容易受淹的地方

逐一检查，确保地下水道疏通。对托幼园所墙体、屋面、门窗、电器等进行定期安全检查，对检查中发现的问题和隐患应及时整改。坚决封闭托幼园所的危房，防止安全事故发生。

3）定期检查园所、灯架、雨篷、标语牌等的抗风强度是否达到要求，不牢固的要及时采取加固措施，不能加固的必须立即拆除，以确保安全。

2．安全应急措施

1）汛期坚持领导值班和报告制度。托幼园所负责人的手机和值班电话要求全天开机，确保通信畅通。一旦发生险情和意外情况，采取果断措施及时处理，防止重大安全事故发生。

2）遇大风天气，应及时关紧室内及走廊门窗，远离树木、窗户、电线杆、危房等。

3）在雷电等恶劣天气发生时，要切断园内一切电源，禁止拨打电话。

4）遇暴雨、洪水侵袭园舍时，根据现场的实情，优先选择较好的疏散线路，疏散人员和财产，确保人员安全，维护好疏散秩序，防止拥挤踏伤。到达安全地点后要及时清点人数，防止遗漏。

5）托幼园所要组织抢险小组待命，对容易受侵蚀的设备、图书等做好转移准备。

6）暴雨、洪水过后，及时对园舍进行清扫和消毒处理，预防传染病的发生和蔓延。

7）暴雨、大风等恶劣天气过后，必须全面、仔细巡查全园，发现安全隐患及时排除。一旦出现重大隐患和安全事故，应立即上报上级主管部门。

（三）防雾霾应急预案

1．日常安全照护

1）各班教师和保育师要增强责任意识，高度重视，坚持预防与应急相结合、常态与非常态相结合，认真做好应对重污染雾霾天气的各项准备工作。

2）利用宣传栏、电子屏等进行提醒，提前防范，如采取减少户外活动、出入戴防尘口罩等措施。

3）提示家长、教师和保育师外出时注意交通安全，注意骑车速度，避免交通事故的发生。

4）对婴幼儿进行安全教育。让其知道雾霾预警分为四级：四级雾霾预警（蓝色）、三级雾霾预警（黄色）、二级雾霾预警（橙色）、一级雾霾预警（红色）；了解雾霾天气对人体健康造成的影响。

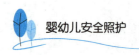

2．安全应急措施

1）四级应急措施。当发布雾霾蓝色预警时，安全检查工作领导小组要减少婴幼儿的户外活动，取消课间操，因地制宜地开展多种形式的室内活动。

2）三级应急措施。当发布雾霾黄色预警时，安全检查工作领导小组要避免教师、保育师和婴幼儿的户外活动，改为进行室内活动；同时，加强婴幼儿晨检和日间健康巡检，加强对特异体质和特殊疾病婴幼儿的健康管理和随访工作。

3）二级应急措施。当发布雾霾橙色预警时，安全检查工作领导小组在落实以上级别应急响应措施的基础上，要停止婴幼儿的一切户外活动。

4）一级应急措施。当发布雾霾红色预警时，安全检查工作领导小组要根据红色雾霾预警发布的不同时段，做好应急响应工作。托幼园所停课，通过网络、信息、电话等途径与家长联系，提出合理化学习建议。

5）如果出行，要戴上口罩，出行回来后应清洗面部及裸露的肌肤。

6）少开窗，及时增减衣物，保证婴幼儿的健康。

7）一旦身体出现不适，即时就医。

当发布一级雾霾预警时，应做好哪些安全照护工作？试用你喜欢的方式（思维导图或表格等）表达。

一、填空题

1．托幼园所常见的意外事故有 _____、_____、_____、_____ 等。

2．托幼园所常见的自然灾害有地震、_____、_____、_____ 等。

二、简答题

1．如何做好托幼园所防震工作的日常照护？

2．保育师如何做好防火工作？

分角色模拟托幼园所火灾和地震的安全演练过程。

婴幼儿丢失应急预案流程

婴幼儿丢失应急预案流程如图 1-4 所示。

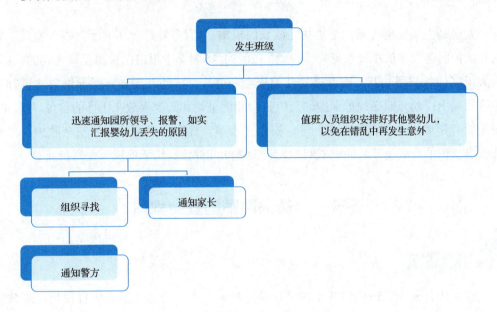

图 1-4 婴幼儿丢失应急预案流程

任务总结与反思

1）为防止托幼园所发生火灾，保育师平时应做好哪些安全工作？

2）保育师如何协助主班教师做好意外事故的安全演练？

项目二 托幼园所的安全教育

项目简介

　　安全是人类发展之基，是婴幼儿成长的根本。《国务院办公厅关于促进3岁以下婴幼儿照护服务发展的指导意见》（国办发〔2019〕15号）中指出："按照儿童优先的原则，最大限度地保护婴幼儿，确保婴幼儿的安全和健康。"《幼儿园教育指导纲要（试行）》中明确提出："幼儿园必须把保护幼儿的生命和促进幼儿的健康放在工作的首位。"可见，安全教育是婴幼儿教育的重中之重，安全无小事。保育师对婴幼儿的安全照护、婴幼儿安全意识的形成及家长的细心呵护，将为婴幼儿健康、快乐地成长保驾护航。

任务一　对保育师的安全教育

任务导入

　　蓝天幼儿园中二班的幼儿正在进行美工活动。不一会儿，琳琳哭着找到主班教师说："小宇用竹签划了我的手。"主班教师检查发现，琳琳的右手出现了一道流血的划痕。教师和保育师马上为琳琳处理了伤口后，将其送往医院。经了解，两名幼儿是为了抢夺一筐彩色的卡片，在抢夺的过程中，小宇手中拿的竹签划伤了琳琳的右手。

　　婴幼儿的安全教育是婴幼儿教育的重中之重。那么，婴幼儿在托幼园所生活期间会存在哪些安全隐患？面对种种不安全因素和可能出现的安全事故，保育师应怎样应对？

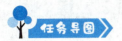

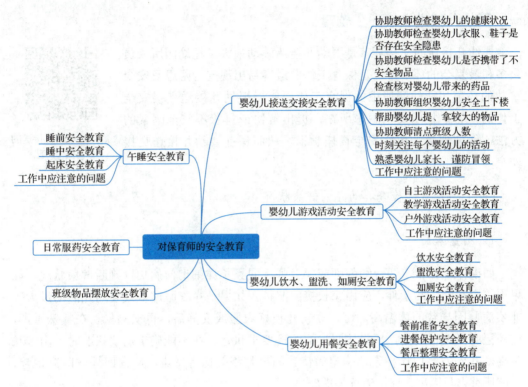

协助教师检查婴幼儿的健康状况
协助教师检查婴幼儿衣服、鞋子是否存在安全隐患
协助教师检查婴幼儿是否携带了不安全物品
检查核对婴幼儿带来的药品
协助教师组织婴幼儿安全上下楼
帮助婴幼儿提、拿较大的物品
协助教师清点班级人数
时刻关注每个婴幼儿的活动
熟悉婴幼儿家长，谨防冒领
工作中应注意的问题

婴幼儿接送交接安全教育

睡前安全教育
睡中安全教育
起床安全教育
工作中应注意的问题

午睡安全教育

自主游戏活动安全教育
教学游戏活动安全教育
户外游戏活动安全教育
工作中应注意的问题

婴幼儿游戏活动安全教育

日常服药安全教育

对保育师的安全教育

饮水安全教育
盥洗安全教育
如厕安全教育
工作中应注意的问题

婴幼儿饮水、盥洗、如厕安全教育

班级物品摆放安全教育

餐前准备安全教育
进餐保护安全教育
餐后整理安全教育
工作中应注意的问题

婴幼儿用餐安全教育

※ **知识目标**

1）明确婴幼儿接送交接安全工作的内容及要求。

2）掌握婴幼儿药品核对及检查方法。

3）掌握班级物品规范摆放的要求。

※ **能力目标**

1）能够协助教师做好婴幼儿游戏活动中的安全保障工作。

2）能够及时发现并处理婴幼儿饮水、盥洗、如厕、午睡中的安全隐患。

3）能够做好婴幼儿用餐安全工作。

※ **素质目标**

1）树立"安全无小事"的安全责任意识。

2）树立"认真观察、合规操作"的职业守则意识。

一、婴幼儿接送交接安全教育

婴幼儿接送的交接环节是婴幼儿情绪波动最大、托幼园所人员最多和最复杂的环节，也是保育工作中最容易出现安全隐患及安全事故的环节。托幼园所中的保育工作要明确婴幼儿接送交接安全工作的任务，指明安全隐患所在，提出解决或排除不安全因素的方法，促使保育师树立安全责任意识，从而保证婴幼儿接送交接安全。

微课　婴幼儿接送的安全教育

（一）协助教师检查婴幼儿的健康状况

1. 测量体温

如果体温异常，要告知教师或保育师，向家长详细询问病史，判断健康状况，如果不符合在园生活条件，应由家长接回照护。如果是穿衣服过多或婴幼儿活动量大等非疾病原因导致的体温高，可待婴幼儿换好衣服或安静后，再次测量。在特殊时期，如新冠肺炎疫情期间，严格按照疫情防控要求执行。在不能确定病情状况时，由家长带婴幼儿到发热门诊检查，确定病情。如果是相关病毒感染，应立即采取隔离治疗、全园所有人员隔离、环境消毒等措施。

2. 观察婴幼儿面部

如果婴幼儿面色苍白、口唇青紫，要详细检查，以便排除心脏病等不适宜在托幼园所生活的疾病。

3. 检查婴幼儿口腔、咽部和腮腺

检查婴幼儿口腔，如果口腔内含有会导致危险的小物品（如硬币、纽扣、糖果等），诱导其吐出。遇到婴幼儿咽部疼痛、吞咽困难、腮腺肥大、有疱疹等情况，要立即通知家长，带婴幼儿去检查，以排除急性咽峡炎、流行性腮腺炎和手足口病等传染性病症。

4. 检查婴幼儿皮肤

观察婴幼儿可见处皮肤，必要时需要揭开衣服检查。如果有外伤要询问原因，如有必要则进行处理或让家长带回照护。如果有大面积或多处创伤，疑似遭到虐待，要及时上报，必要时报警。如果有皮疹，不论大小、多少都要仔细辨别，以排除水痘、麻疹、风疹、手足口病等传染性疾病。

5. 关注婴幼儿的情绪

婴幼儿来园时，可能情绪不好，要及时关注和调控，以免婴幼儿抓伤、踢伤其他婴幼儿和保教人员，同时预防不良情绪引起婴幼儿过度奔跑，导致婴幼儿自身受到伤害的情况。

 保育师支招

2019年5月11日，一款托幼机构"晨检"机器人亮相第21届北京国际玩具及幼教用品展览会。"晨检"机器人可以通过"一摸、二看、三问、四查、五登记"的方式，对婴幼儿进行入园前体检，3秒可全自动完成体温、口腔、手部、眼部的病症晨检辅助筛查。"晨检"机器人还可实时通过健康微信平台推送给家长晨检结果，有效辅助托幼机构园长、教师、保育师执行国家卫健委要求的晨检和疾控工作。

（二）协助教师检查婴幼儿衣服、鞋子是否存在安全隐患

检查婴幼儿的衣服是否舒适，鞋子是否合脚，衣服领子、帽子上是否有带子，衣物上是否有尖锐的小饰品，鞋带是否系牢固，婴幼儿是否佩戴饰品挂件等。如发现安全隐患，帮助婴幼儿穿戴整齐或进行修整，及时排除不安全因素。同时，在离园交接时，提醒家长给婴幼儿及时更换。

（三）协助教师检查婴幼儿是否携带了不安全物品

通过与婴幼儿"抱一抱""看一看"的机会，协助教师检查婴幼儿是否携带了危险性物品（如玻璃球、豆子、花生米、小纽扣、玩具小零件、小石子、小发卡、小刀、别针及各种尖锐物品等）、不明来源的小零食及贵重物品（如戒指、项链等）入园。如有发现，要及时处理并告诉婴幼儿不要将此类物品带入托幼园所。需要教师代为保管的，要放在婴幼儿拿不到的固定位置，等婴幼儿离园的时候由教师交给家长。

（四）检查核对婴幼儿带来的药品

保育师要整理、核对婴幼儿带来的药品及记录单，认真检查每样药品。如发现药物异常（如药物过期、性状改变、与以往所带药物同名但性状不同等）要及时向家长提出；如带两种以上药物，要辨认清楚药物的种类，在药物包装上标记婴幼儿信息并与记录单放在一起。药品确认无误后，按照婴幼儿名字（学号）放在药物袋里，避免因混淆导致婴幼儿误服。需要饭前服用的药品，要做特别的标志并放在婴幼儿拿不到的明显位置。

（五）协助教师组织婴幼儿安全上下楼

帮助婴幼儿背好书包，以便婴幼儿能腾出手来扶着楼梯把手上下楼。提醒婴幼儿上下楼梯要排队走、不能打闹，以防婴幼儿发生磕碰。

（六）帮助婴幼儿提、拿较大的物品

如果在婴幼儿接送交接过程中，需要携带较大的物品（如换季的被子等），不要让婴幼儿自己拿，保育师要帮助婴幼儿拿到班级或运送到家长手中，以防婴幼儿因走路不便而发生意外事故。

微课　婴幼儿上下楼的方法

（七）协助教师清点班级人数

有的婴幼儿会因为不愿意上幼儿园，而在家长与教师交接后偷偷跑出班级；有的婴幼儿会被某个教室或玩具吸引，而独自前往玩耍；有的婴幼儿会因为喜欢玩捉迷藏的游戏，而故意藏在某个角落；有的婴幼儿会在离园时因为着急见到父母而趁教师不注意的时候，随其他幼儿溜出班级……保育师要在婴幼儿接送交接时，协助教师经常性清点班级人数，及时发现遗漏，并时刻提醒婴幼儿不能"单独行动"。

（八）时刻关注每个婴幼儿的活动

婴幼儿集中入园、离园期间，保育师要在家长和教师进行单独交流的时候，关注每个已经入园或还未离园的婴幼儿的活动，提醒婴幼儿不要过度奔跑、打闹，以防扭伤、磕碰等事故的发生。

（九）熟悉婴幼儿家长，谨防冒领

保育师要熟悉每个固定接送婴幼儿的家长，协助教师做好婴幼儿的安全接送，谨防冒领。如果家长临时有事，委托他人接送，保育师只有在得到家长的确认后才能交接。当有的家长让未成年的孩子来接婴幼儿时，一定不能将婴幼儿交给其接走。

（十）工作中应注意的问题

1）对个别迟到或有特殊情况的婴幼儿，务必坚持按照安全工作要求逐项进行检查、询问和记录。

2）多名婴幼儿同时来园时，各项安全工作要坚持有序、全面、细致开展，防止慌乱、忙碌中出现安全隐患。

根据所学知识，在表 2-1 中列出保育师在婴幼儿接送交接时的安全隐患及预防措施。

表 2-1　婴幼儿接送交接时的安全隐患及预防措施

项目	安全隐患	预防措施
婴幼儿入园交接		
婴幼儿离园交接		

二、婴幼儿游戏活动安全教育

游戏活动是婴幼儿在托幼园所一日生活中安全事故高发的环节，也是保育师需要保持高度的警惕心和责任心、积极配合主班教师保证婴幼儿安全的环节。下面从自主游戏活动、教学游戏活动和户外游戏活动三个方面详细列举了游戏活动环节中容易出现的安全隐患，提出了预防措施及安全教育要点，为保育师做好此环节的安全教育工作提供了抓手，为幼儿愉快的游戏活动提供了安全保障。

（一）自主游戏活动安全教育

1）协助教师指导婴幼儿正确且安全地使用各活动区的游戏材料。

① 指导婴幼儿安全使用美工区材料。提醒婴幼儿使用绘画材料（如蜡笔、水彩笔、排笔、水粉颜料、丙烯颜料等）时，不能将材料放入口中，以防中毒；使用手工材料（如卡纸、蜡光纸、亮光纸、皮纹纸、色纸等）时不能打闹，以防划伤自己或他人；细小的材料（如扣子、豆子、装饰宝石等）不能放入口中或耳朵中，以防发生危险；工具材料（如剪刀、竹签、夹子、双面胶、泡棉胶带、白乳胶等）和废旧材料（如各类盒子、开心果壳、吸管、筷子、树叶、鸡蛋壳、奶粉桶、饮料瓶等）具有一定的危险性，要用正确的方

微课　自主游戏活动的安全教育

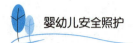

法拿取且使用时要保持安静，以防刮伤、划伤自己或他人。提醒婴幼儿使用美工区材料时要与同伴保持一定的距离，避免碰伤。

② 指导婴幼儿安全使用科学区实验材料。科学区除了会有工具性的材料，还会有很多易碎的实验材料（如各种镜子、万花筒、玻璃球等玻璃制品）。婴幼儿在进行探索实验的过程中，难免会出现打碎玻璃制品、撒落圆形小物品等危险情况。因此，当婴幼儿使用科学区实验材料时，保育师要提高警惕，协助教师密切观察每个婴幼儿的活动过程。提醒婴幼儿要轻拿轻放玻璃制品。如果不小心摔到地上，要第一时间告诉教师，不要用手捡或用脚踢。保育师要及时进行清理。

③ 指导婴幼儿安全使用建构区材料。建构区材料往往体积较大，保育师应协助教师提醒婴幼儿拼装较重、棱角较多的玩具时要拿稳，避免砸伤、划伤。同时，婴幼儿在建构区活动时容易发生争抢、打闹。保育师应协助教师密切观察每个婴幼儿的活动情况。一旦发生争执，要立即介入，避免发生危险。

④ 指导婴幼儿安全使用角色区材料。教师为了增加婴幼儿游戏的真实性，经常会在角色区中提供多种用不同材料制作的惟妙惟肖的实物模型（如香肠、小饺子、饼干、巧克力等）。很多婴幼儿会以为是真实的食物而主动品尝。因此，保育师要协助教师告诉婴幼儿，这些"食品"是不能吃的玩具，不能随意品尝，避免婴幼儿误食。同时，还要提醒婴幼儿不要将角色区的道具当作武器玩耍，以防误伤自己或他人。

2）自主游戏活动时，婴幼儿可能不在同一个区域。此时，保育师要和教师一起关注每个婴幼儿的活动，保持高度的警惕心和责任心，在不同区域巡查，时刻提醒婴幼儿不要争抢、打闹、推搡、拉扯及过度奔跑，防止在自主游戏或更换区域过程中出现绊倒、摔伤等事故。

3）婴幼儿在自主游戏时的活动量很大，排汗量也会很大。保育师要提前在婴幼儿集中玩耍的区域附近准备好水、毛巾、椅子等物品。这样，婴幼儿可以及时擦汗、喝水，预防感冒等疾病的发生。

4）保育师要随时观察婴幼儿自主活动期间是否需要增减衣物，以及鞋带有无松散等情况。若出现上述情况，保育师应及时提醒或帮助婴幼儿更换、整理。

5）协助教师指导婴幼儿有序拿取及收放玩具材料。提醒婴幼儿不要争抢、打闹，以防婴幼儿发生磕碰。婴幼儿收放材料后，保育师要重点检查具有危险性的材料是否放回原位、数量是否短缺等情况，以免留下安全隐患。

6）随时关注婴幼儿自主游戏活动中的情绪变化。如果婴幼儿间发生冲突，要及时介入，防范不安全事故的发生。

7）保育师要定期对自主活动区域的学习材料进行清洗、消毒，保证学习材料卫生、安全；要经常检查婴幼儿自主活动区域的学习材料是否完好无损，如发现有破损，应及时进行修补或报修，避免婴幼儿使用时划伤、碰伤。

玩具的清洗方法

可以洗的玩具用消毒液浸泡后进行清洗；不可洗的玩具可以用紫外线照射、暴晒、消毒柜消毒等方法进行消毒；户外大型玩具可以用消毒液擦拭。日常情况下，对玩具每周消毒一次。如果托幼园所发现传染源，则要随时进行消毒。

（二）教学游戏活动安全教育

1）协助教师为婴幼儿提供宽敞的游戏空间及安全无毒的玩教具。教学活动前，保育师要整理好班级物品，调整好室内照明度及温度，为婴幼儿提供相对宽敞、明亮、舒适的活动空间，以防婴幼儿在游戏过程中因拥挤、碰撞而发生意外；要定期对玩教具进行清洗、消毒、晾晒，防止玩教具滋生细菌。

微课　教学游戏活动的安全教育

2）协助教师指导婴幼儿正确使用学习材料。

① 指导婴幼儿学会用手紧握剪刀尖来安全取放或传递剪刀的方法；使其知道使用时剪刀尖必须朝向自己的正前方，不能使用大剪刀等知识，避免危险的发生。

② 彩色铅笔和圆珠笔等文具色彩斑斓，对婴幼儿具有极大的吸引力。因此，婴幼儿常喜欢手拿此类文具走动或挥舞。保育师应及时告诉婴幼儿手拿铅笔等尖锐物品时，不要用笔尖指向自己或他人，不要手拿铅笔挥舞，更不要把笔尖含在口中；要把笔尖朝下（指向纸面或桌面），以防扎伤自己或他人。

③ 告诉婴幼儿激光笔是教师上课用的，不能随意拿取。尤其不能用激光照自己或他人的眼睛，以防眼睛受到伤害。

④ 指导婴幼儿使用剪刀、铅笔、筷子、叉子等尖利物品时要与同伴保持一定的距离，不能打闹，用后要及时放回原处，以防危险的发生。

3）协助教师关注教学活动过程中的安全。

① 根据活动内容，协助教师合理地摆放活动座位。例如，动态活动尽量按圆形排列座位，讲述活动尽量按半圆形排列座位，操作活动尽量按 U 形排列座位。这样便于婴幼儿安全、有序地参与教学活动。

② 提醒婴幼儿不要将椅子举过头顶，以防伤及自己或同伴。

③ 提醒婴幼儿坐在椅子上的时候不要过度向后仰，以防翻倒；不要左右晃动椅子或把手，以防摔倒、摔伤。

④ 提醒婴幼儿不要将手指放在椅子或把手间隙，避免挤伤。

⑤ 提醒婴幼儿保持正确的坐姿及书写姿势，注意保护婴幼儿的视力。

4）活动中关注如厕婴幼儿，避免婴幼儿脱离教师的视线。

（三）户外游戏活动安全教育

1）活动前，清理活动场地，清除危险物及障碍物，排除安全隐患。例如，检查草坪是否有裂缝，草坪的边缘是否向上翘起，活动场地的护栏是否存在漆皮脱落的现象，活动场地是否有碎树枝、石子等危险物品或杂物。

2）活动前，排查活动器材、大型玩具是否存在安全隐患（如有些螺钉掉落、平衡吊桥脱落、滑梯出现断裂等），如发现破损情况，应及时修补或报修；同时要告诉婴幼儿哪些器械或玩具已经"受伤"，暂时不能玩。

微课 户外游戏活动安全教育

3）定期清洁活动器材，保证器械、玩具卫生、安全，保障婴幼儿的安全。

4）检查婴幼儿着装是否符合户外活动的安全要求。如果发现婴幼儿着装出现帽子遮挡眼睛、衣裤过长、拉链没有拉好、装饰过多、鞋子笨重、鞋带松散等不安全因素，要及时帮助婴幼儿整理或更换，并提醒教师告知家长为婴幼儿准备便于活动的服装。冬季要给婴幼儿戴帽子和手套。

5）协助教师做好婴幼儿户外活动前的准备运动，以防突然剧烈运动造成拉伤、扭伤等事故。

6）与教师相互配合关注每个婴幼儿，保证每个婴幼儿的活动都在教师、保育师的视线内。同时，提醒婴幼儿在器械上活动时，要时刻注意安全，不能争抢、推搡、打闹，以防出现婴幼儿磕碰事故。

7）提醒婴幼儿不要将手、头伸入较小的洞口、缝隙或栅栏中，以防出现婴幼儿扭伤、挤伤事故。

8）提醒婴幼儿感觉累的时候和出汗较多的时候要适当休息，以防意外发生。

9）户外活动时，不能让婴幼儿单独如厕，须由教师或保育师陪同。

10）如果婴幼儿之间发生冲突，要及时介入、制止，并询问原因。

11）活动后，检查婴幼儿手、口袋中是否携带了小树枝、小石子等危险物品。如有发现，及时处理并告知婴幼儿不能携带危险物品。

12）提醒婴幼儿户外活动时不能打闹、不能做危险性动作，要与做跳绳、荡秋千等活动的幼儿保持一定的距离，以防发生危险。

荡秋千的安全守则

1）秋千一次只能坐一个人，不能同时坐几个人。

2）荡秋千时应当坐在秋千中央，不能站着或跪着。

3）荡秋千时双手一定要抓牢秋千的绳索，不要做危险动作。

4）荡完秋千，要等秋千完全停止后再下来。

5）不要在正摆动的秋千周围活动，以免被荡起来的秋千撞到。

6）荡秋千的时候不要逞强，摆动幅度过大或荡得太高，都容易摔落到地面，造成伤害。

（四）工作中应注意的问题

1）游戏活动环节是婴幼儿安全事故的高发时期，保育师要保持高度的警惕心和责任心，时刻关注每个婴幼儿的活动情况。

2）在游戏活动过程中，要照顾和保护体质较弱、动作不灵活及有特殊疾病的婴幼儿，防止发生意外。

3）在游戏活动过程中，发现任何安全隐患，都要立即进行处理、排除，保证婴幼儿游戏活动的安全。

跳绳的安全守则

1）选择长短适中的绳子，以防动作不协调或被绊倒。

2）跳绳时要穿合适且有弹性的运动鞋，以便减轻跳绳时的撞击力，避免脚踝受伤。

3）跳绳的地点宜选在软硬适中的泥土地、草地、木制地板的场所，不宜在水泥地上跳，以免引起头晕或关节损伤。

4）跳绳前应做热身运动，以便使肌肉能充分地接受进一步的运动量。

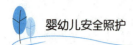

5）掌握正确的跳绳姿势。眼睛望向前方，腰背挺直，有节奏地跳。落地时要以前脚掌着地，以减轻膝盖所承受的压力，同时脚跟和脚尖的用力要协调，避免扭伤。

6）当感到呼吸困难或疲惫时，要立即停下来。

7）跳绳后须做舒缓运动，可以采用散步的方式使身体尽量放松。

根据所学知识，在表 2-2 中列出婴幼儿户外游戏活动时的安全隐患及预防措施。

表 2-2　婴幼儿户外游戏活动时的安全隐患及预防措施

项目	安全隐患	预防措施
户外游戏活动		

三、婴幼儿饮水、盥洗、如厕安全教育

饮水、盥洗、如厕是婴幼儿每天重复最多的生活环节，也是婴幼儿最容易发生磕碰、摔伤、划伤的环节。针对以上三个环节婴幼儿的活动特点，保育师应明确安全教育工作的任务及要求。

微课　如厕、盥洗的
安全教育

（一）饮水安全教育

1）全天备足温度适宜的饮用水，供婴幼儿随时饮用。

2）协助教师教育婴幼儿要随渴随喝，每天还要有四次集体饮水时间。

3）饮用的开水打回班级后，要放到婴幼儿触及不到的地方，以防婴幼儿被烫伤。

4）检查婴幼儿饮用水或牛奶的温度，避免过凉或过烫。

5）提醒婴幼儿喝水时要专心且保持安静，防止呛水。

6）提醒婴幼儿喝水时不打闹、不跑动。

7）提醒婴幼儿不能玩热水和饮水机。

（二）盥洗安全教育

1）协助教师检查婴幼儿是否按正确方法洗手，保证卫生、安全。

2）提醒婴幼儿要用小水流洗手，防止水花四溅，在湿地上滑倒，伤到自己及同伴。

七步洗手法

准备：用流动的水把手沾湿后，挤上洗手液。第一步：掌心对掌心搓擦。第二步：手指交错，掌心对手背搓擦。第三步：手指交错，掌心对掌心搓擦。第四步：双手互搓指背。第五步：拇指在掌中转动搓擦。第六步：指尖在掌心中搓擦。第七步：搓擦手腕并彻底冲洗。

微课　七步洗手法

（三）如厕安全教育

1）婴幼儿如厕前，检查卫生间地面是否干爽。如发现水渍，应及时处理。

2）允许婴幼儿随时如厕，提醒婴幼儿不能憋尿。

3）提醒婴幼儿便后要及时洗手。

4）及时帮助遗尿或遗屎的婴幼儿更换、清洗衣物。

5）协助教师帮助自理能力差的婴幼儿安全如厕。

6）观察婴幼儿大小便情况，并及时反映给家长或保健医生。

7）及时冲刷便池，保持便池干净。（要求：①便池每天至少一次用洁厕灵刷净尿渍，保持里外干净、清洁；②便池按钮每天用浸有消毒液的抹布擦拭干净。）

（四）工作中应注意的问题

1）如厕、盥洗期间，婴幼儿会分散在活动室、盥洗室、卫生间多处。保育师要与教师相互配合，关注每个婴幼儿的活动，保证每个婴幼儿都在保育师的视线内，以保证婴幼儿的安全。

2）保育师要协助教师组织婴幼儿有序进行盥洗，提醒婴幼儿不要拥挤、打闹，不要玩水。

3）做好婴幼儿盥洗用具（如口杯、毛巾）的清洁和消毒工作，保证婴幼儿用具安全；做好盥洗室、卫生间地面的清洁工作，及时清理水渍，保持地面干燥，避免婴幼儿滑倒、摔伤等；做好盥洗室及卫生间地面、墙面瓷砖有无开裂等破损情况的检查工作。如有发生，及时告知婴幼儿及教师远离，并通知维修，以防婴幼儿划伤、摔伤、碰伤。

根据所学知识，在表 2-3 中举例说明婴幼儿饮水、盥洗、如厕环节的安全隐患及预防措施（各举一例即可）。

表 2-3　婴幼儿饮水、盥洗、如厕环节的安全隐患及预防措施

项目	安全隐患	预防措施
婴幼儿饮水		
婴幼儿盥洗		
婴幼儿如厕		

四、婴幼儿用餐安全教育

婴幼儿用餐是婴幼儿在托幼园所一日生活中最重要的生活环节。婴幼儿用餐的安全也是家长最为关注的内容。下面结合保育师的工作职责，从餐前准备、进餐保护和餐后整理三个时段，明确工作要点和工作中应注意的问题，为保育师做好婴幼儿用餐安全工作提供帮助。

（一）餐前准备安全教育

1）餐前，保育师要对婴幼儿所用的餐具、餐桌进行清洁、消毒。同时，要将清洁、消毒工具放到婴幼儿触及不到的指定位置。

2）保育师拉完餐车要及时关闭送餐用的电梯间的门，以防婴幼儿单独进入发生危险。

微课　餐前准备安全教育

3）保育师在备餐过程中要与婴幼儿保持 2 ～ 3 米的距离，将食物盆或桶放在餐桌附近安全位置，避免婴幼儿撞到，造成伤害。

4）保育师要观察食物的生熟及是否有变质的情况，要检查饭菜中是否有异物，保证婴幼儿饮食安全。

5）保育师要将食物的温度控制在 40℃ 左右（夏季散热，冬季保暖），保证婴幼儿进食时温度适宜。

6）保育师要提前将肉中的骨头、鱼肉中的刺剔掉，并为大班幼儿准备好盛放骨头及鱼刺的器具，以防扎伤婴幼儿的咽部。

7）低龄婴幼儿的饭菜必须由保育师分发，中班、大班的幼儿可以自己按照取餐路线（可在地面上贴箭头标识）盛饭，但不能盛汤，避免汤汁溅出，烫伤或划伤婴幼儿。

8）保育师为婴幼儿盛饭菜时，不能从婴幼儿头顶或其身体上方传递，以防汤汁溅到婴幼儿身上，发生意外。

保育师支招

保育师备餐工作流程如下。

1）保育师在每日进餐前 30 分钟开始餐前准备。

2）用配置好的消毒液擦拭备餐准备桌、餐车，检查餐盘是否消毒完毕。

3）去消毒室取回消毒好的餐具，途中餐具上必须盖上盖子，防止灰尘、苍蝇进入，并将取回的餐具放在备餐准备桌上。

4）宽松、合理地摆放餐桌、餐椅，便于幼儿进餐。

5）去食堂备餐间窗口打饭，饭菜取回后在进餐前 10 分钟开始擦桌子、摆放餐具。

6）指导幼儿正确洗手，做好用餐准备。

保育师解读

擦桌子的要求、方法与步骤

要求：每桌都要用独立的抹布擦拭。

方法：按同一方向（从上到下或从左到右）先擦拭桌面后，再擦拭桌子周边。

步骤：用清水擦拭一遍；再用消毒液擦拭一遍；最后用清水擦净水渍。

摆放餐具的要求和方法

1）手拿碗的边缘或戴一次性手套分发餐具。

2）每桌摆放与婴幼儿人数相等的碗盘。

3）每桌另外摆放湿抹布和空碗。

注意：中、大班可指导值日生摆放餐具（值日生必须先洗手）。

（二）进餐保护安全教育

微课　进餐保护安全教育

1）协助教师指导婴幼儿食用各种饭菜，以及安全使用餐具的方法。

2）提醒婴幼儿吃饭时不要交谈，不能乱跑、打闹，要坐稳、保持安静、专心进食，并且要细嚼慢咽。嘴里有饭时不能说话，防止食物进入气管而发生意外。

3）告诉婴幼儿不能拿着餐具走动、打闹，不含、咬餐具。使用餐具时，不能将餐具较为尖锐的一端（如筷子尖端）指向他人。

4）提醒婴幼儿要单独吃有骨、有刺的食物，不要和米饭混在一起吃，以防扎伤，吃此类食物时保育师不能催促婴幼儿进食。同时，保育师也不能催促吃饭较慢的婴幼儿。

5）保育师要根据婴幼儿的身体情况适量分发食物，做到少量多次、随时添加；要指导挑食、厌食的婴幼儿均衡饮食，阻止幼儿暴饮暴食。

6）关注生病或食物过敏婴幼儿的食物搭配及进餐情况。

7）提醒每名婴幼儿将口中的最后一口饭菜咽下后再离开座位去做别的事情，以防被食物噎住。

8）与教师相互配合，随时在婴幼儿餐桌间巡视，关注每个婴幼儿的用餐过程，不可远离婴幼儿或坐在椅子上休息。

（三）餐后整理安全教育

1）婴幼儿用餐速度略有不同，保育师要指导已经进餐完毕的婴幼儿将自己的餐具送到指定位置，并要随时收拾餐桌，以防食物残渣污染未食用的饭菜。

2）婴幼儿全部进餐完毕，保育师要及时整理餐桌，回收餐具，清理、清洁餐桌及活动室地面，防止出现油污、水渍、细菌等安全隐患。

3）保育师要及时清洗勺子和筷子，甩干水滴后放入消毒柜消毒30分钟，保证餐具卫生、安全。

4）饭后不要让婴幼儿马上睡觉，要走一走、动一动，防止积食。

擦嘴的方法

1）拿一张餐巾纸对折。

2）对着镜子擦嘴。

3）再将餐巾纸对折。

4）再次擦嘴，然后将餐巾纸放在纸篓里。

（四）工作中应注意的问题

1）保育师要协同教师根据季节调整分餐时间及进餐时间。

2）保育师不能将婴幼儿带入厨房等不安全场所，以防瞬间意外事故的发生。

3）保育师指导婴幼儿进餐时要佩戴头巾、围裙和套袖。同时，不要戴戒指、项链等饰品，以免掉落物品被婴幼儿误食，影响健康。

根据所学知识，在表 2-4 中举例说明婴幼儿用餐的安全隐患及预防措施（各举一例即可）。

表 2-4　婴幼儿用餐的安全隐患及预防措施

项目	安全隐患	预防措施
餐前准备		
进餐保护		
餐后整理		

五、午睡安全教育

午睡环节是婴幼儿一日生活中最容易被忽视安全隐患的环节。下面重点提醒保育师要协助教师关注婴幼儿睡前、睡中及起床时身体状况的变化，排除隐患，预防安全事故的发生。

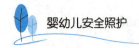

（一）睡前安全教育

1）提前开窗通风，保持睡眠室内空气新鲜。午睡前要关上窗户，拉上窗帘，避免睡眠室光线过强或有空气对流，为婴幼儿营造安静舒适的睡眠环境。

微课　午睡常规安全检查

2）检查婴幼儿午睡所需用的床铺和被褥是否干净、有无异物，去除安全隐患。

3）提醒婴幼儿睡前不要追逐、打闹，不要站在床上穿脱衣服，不能在床上蹦跳，以防婴幼儿摔伤、碰伤。

4）协助教师对婴幼儿进行睡前常规身体检查（如观察婴幼儿的神态、抚摸婴幼儿的额头等），检查婴幼儿是否有发病症状。

5）协助教师进行婴幼儿睡前常规物品检查。例如，检查婴幼儿的手、口、鼻中是否有异物；检查婴幼儿是否将皮筋或线绳缠绕在手指或手腕上；检查婴幼儿口袋中是否有豆类、珠子、小刀、饰品、扣子、钉子、线绳类等尖锐、坚硬、细小的危险性物品。如有发现，要及时收缴并告诉婴幼儿具有危险性的物品会对身体造成伤害，不要带入托幼园所。同时，午睡前要将女孩的发卡等小物品统一保管。

6）主班教师组织大部分婴幼儿进行睡前活动的时候，保育师要关注没有吃完饭或在盥洗室漱口、在寝室拿拖鞋的婴幼儿的活动，保证每个婴幼儿的活动不脱离教师或保育师的视线。

7）午餐进食过饱的婴幼儿不能马上睡觉，保育师要协助教师带领婴幼儿散步或进行轻微活动，避免婴幼儿发生胃食管反流、窒息、呕吐等症状。

8）及时纠正婴幼儿的不良睡姿（如趴着睡、蒙头睡等），避免婴幼儿出现呼吸不畅、大脑缺氧等症状。

（二）睡中安全教育

1）保育师午睡值班时要坚守岗位并进行定期巡查：观察睡眠中婴幼儿呼吸是否正常；有无发热等异常现象；纠正婴幼儿的不良睡姿（如趴着睡、蒙头睡等）；帮助没有盖好被子的婴幼儿盖好被子。如果发现异常，则要及时处理。

2）对于午睡中途起床如厕的婴幼儿，保育师要始终注视或陪同，直到婴幼儿返回床铺。冬季要提醒婴幼儿如厕时披上衣服。

3）关注患病婴幼儿在睡眠中是否出现体温升高、呼吸不畅或惊厥等异常情况，如果发现上述情况，则要及时联系保健医生，并及时通知家长将其接走，避免病情进一

步恶化发生危险。

4）关注不能准确表达自己身体不适或需求的低龄婴幼儿的情绪变化，及时安抚或者帮助其解决如厕等问题。

5）如果婴幼儿在午睡中需要使用电蚊香，要把电蚊香放在婴幼儿触碰不到的地方，以防婴幼儿触电或烫伤。

（三）起床安全教育

1）提醒婴幼儿按时起床，避免拖延。

2）指导婴幼儿穿好衣服、鞋子，叠好被子。

3）提醒婴幼儿起床后不要在床上跨越奔跑，不要站在被褥上，以免扭伤、摔伤。

4）协助教师看管穿衣服较慢的婴幼儿的安全。

5）协助教师关注婴幼儿起床后的情绪、面色、体温是否异常，检查婴幼儿衣着是否整齐。

6）保育师协助教师整理好婴幼儿的床铺，将小床放在靠边位置，以便为婴幼儿腾出最大的活动空间。

7）婴幼儿起床后，保育师要彻底清洁睡眠室的地面，保证卫生、安全。

8）协助教师督促家长按时晾晒、清洗婴幼儿午睡用品。（夏季：枕套每周一次，床单两周一次。冬季：枕套两周一次，床单每月一次。春秋季节可酌情掌握。）

（四）工作中应注意的问题

1）婴幼儿入睡或起床环节场面比较混乱：会出现婴幼儿分散在盥洗室、卫生间、寝室等多个地方的情况；会出现婴幼儿跑跳、打闹、玩耍等多种活动状态的情况；部分婴幼儿会出现情绪不稳定的情况；等等。保育师要与教师进行分工协作，关注每个婴幼儿的活动，保证婴幼儿的安全。

2）保育师要与教师一样，在婴幼儿午睡环节保持高度的责任心，时刻关注每个婴幼儿在睡眠中是否出现异常情况，要有能够预见危险的意识和解决问题的能力。

根据所学知识，在表 2-5 中列出保育师在婴幼儿午睡期间的安全隐患及预防措施。

表 2-5　婴幼儿午睡期间的安全隐患及预防措施

项目	安全隐患	预防措施
睡前		
睡中		
起床		

六、日常服药安全教育

　　婴幼儿服药环节属于婴幼儿一日生活环节中的其他环节，它虽然不具有普遍性，但是具有独特性。保育师要对婴幼儿需服药品的信息进行认真核对，对药品的保质期进行仔细的检查，严格执行药品存放的规定，并协助教师全天密切观察服药婴幼儿身体状况的变化，以保证婴幼儿服药安全。

　　保育师对婴幼儿服药安全应做到以下几点。

　　1）仔细核对服药登记表上的婴幼儿姓名、药品名称、药品用量、服用方法、服用时间，确认无误后方可为婴幼儿服用。

　　2）检查药品是否超过保质期，如发现过期药品，要与家长取得联系。

　　3）药品应存放在婴幼儿触及不到的固定的药袋中。内服药和外敷用药分开存放，以防拿错用错。

　　4）婴幼儿服药时，保育师不能将药品称为糖果或糖水，以免婴幼儿误食。

　　5）服药后要注意观察婴幼儿有无面色潮红、身上出现皮疹、口唇颜色发紫、睡眠盗汗等异常状况。如有异常，要及时与保健医生联系并处理。

　　6）每日离园前，要请家长带回婴幼儿当天服用的剩余药品，保育师要及时清理药袋。

　　7）全天密切观察服药婴幼儿是否出现异常，离园时要和家长进行信息反馈。

　　保育师要掌握基本的用药常识。例如，不同性状药品的服用方法、药品与食品的饮食要求是否存在冲突，服药后要多喝水，某些药物服用后不能立即喝绿豆汤，不能用茶水、牛奶、果汁等服药等，以保证婴幼儿服药安全。

练一练

　　根据所学知识，在表 2-6 中举例说明婴幼儿日常服药的安全隐患及预防措施（各举一例即可）。

表 2-6　婴幼儿日常服药的安全隐患及预防措施

项目	安全隐患	预防措施
服药前		
服药后		

七、班级物品摆放安全教育

托幼园所班级物品整洁、安全、有序地摆放，是婴幼儿在托幼园所一日安全生活的基础和保障。下面明确了保育师安全摆放班级物品的要求，指出物品摆放不当带来的安全隐患及相应预防措施，为保育师的工作提供依据。

保育师安全摆放班级物品要做到以下几点。

1）班级婴幼儿生活卫生及洗消用品要按照园内统一要求放在婴幼儿触及不到的安全且固定的位置。在洗消用品上要制作不能触碰的标志，以提醒婴幼儿注意。不能用饮料瓶盛装洗消用品，以防婴幼儿误食、误伤。

2）开水壶、暖水瓶、保温桶、切水果用的水果刀要放置在婴幼儿触碰不到的安全位置（如封闭的柜子或班级外面固定位置），防止烫伤、划伤婴幼儿。

3）定期检查班级中婴幼儿能够触碰到的物品，如柜子、桌椅、玩教具及辅助材料是否有损坏。如有损坏，及时清理更换，避免划伤婴幼儿。未有损坏的物品要经常清洗、消毒，保证婴幼儿使用卫生、安全。

4）将班级的一些电器设备（如多媒体、计算机、录音机及遥控器）放到安全位置，不能让电源插头暴露在外面。经常检查班级内电器设备是否存在漏电或线路损坏现象，如有损坏要及时处理并报修。长期不用的电器要放到班级外面，以防婴幼儿触电。

5）婴幼儿服用的药品要放到婴幼儿拿不到的固定的药袋里，防止婴幼儿误食。

6）定期清洗、检查区域活动角中投放的所有玩教具，保证安全、无毒、卫生且无破损，排除安全隐患。

7）婴幼儿能触碰到的地方不要放置箱子、盒子，区域较窄的地方不要放置有棱角的桌椅，避免磕绊或划伤婴幼儿。

婴幼儿误服消毒液的危害

婴幼儿常见误服的消毒液包括过氧乙酸、甲酚皂溶液、84消毒液等。这些消毒液多为酸（碱）性化学制剂，具有较强的腐蚀性，误服原液可致口、咽、食管黏膜损伤，大量误服可引起胃、肠穿孔，后期出现食管瘢痕，造成食管狭窄，还可能引起神经系统损害，所以保育师及家长一定要警惕。

根据所学知识，在表2-7中举例说明班级物品摆放的安全隐患及预防措施（各举一例即可）。

表2-7　班级物品摆放的安全隐患及预防措施

项目	安全隐患	预防措施
卫生、洗消物品的摆放		
危险性物品的摆放		

一、判断题

1. 婴幼儿接送交接是教师的事，保育师无须关注。（　　）

2. 保育师要将午餐用的食盆、食桶放在离婴幼儿最近的地方，便于为婴幼儿盛添饭菜。（　　）

3. 保育师必须仔细核对服药婴幼儿的姓名、药名、用量等信息，确认无误后方能给婴幼儿服用。（　　）

4. 如果有婴幼儿吃饭比较慢，为了统一行动，保育师要催促吃饭慢的婴幼儿快速吃完。（　　）

5．为了让婴幼儿尽快进入午睡状态，保育师可以让婴幼儿带着自己喜欢的发卡或抱着小玩具睡觉。　　　　　　　　　　　　　　　　　　　　（　　）

6．户外活动时，保育师要为婴幼儿准备好温度适合的饮用水，协助教师关注每个幼儿的活动，如果婴幼儿出汗很多，则要及时帮助其减少衣物。　　　（　　）

7．班级的药袋要放在婴幼儿可以拿取的地方，便于婴幼儿及时服用。　（　　）

8．班级消毒液可以用废旧的饮料瓶盛装，以便节约资源，变废为宝。　（　　）

9．保育师要尽可能多地给较胖的婴幼儿盛饭菜，以满足肥胖婴幼儿的需求。（　　）

10．教师在组织教学活动的时候，保育师无须关注婴幼儿的活动，可以回避休息。

（　　）

二、简答题

举例说明婴幼儿一日生活中容易存在安全隐患的环节及保育师的预防措施（至少举三个例子）。

三、案例分析题

美美不愿意上幼儿园，每天早上都哭闹不止。妈妈为了安抚美美的情绪，同意美美将她最喜欢的由很多彩色珠子做成的小饰品带到幼儿园。中午，幼儿正要准备午睡，保育师就听见了美美的哭声。询问后了解到，美美戴的小饰品上的珠子掉了下来，美美怕丢，就想像孙悟空一样，就把珠子放在耳朵里。结果，珠子落到耳朵里后，美美感到耳朵非常疼痛，珠子也拿不出来了。

分析：保育师在哪些环节出现了失误？假如你是保育师，你应该怎样做？

围绕婴幼儿在托幼园所一日生活中常见的安全隐患及预防措施，开展"你的安全我保护"安全知识宣传情景剧表演活动。

安全小游戏《我会过马路》

游戏准备：自制交通信号灯（红灯、黄灯、绿灯及人行横道信号灯）、角色扮演用的职位牌（交警、行人、司机等）。

游戏场地：活动室或操场。

游戏玩法：保育师带领婴幼儿在游戏场地画上斑马线后，与婴幼儿一起玩过马路的游戏。三名婴幼儿分别手拿红灯、黄灯、绿灯模型扮演信号灯，两名婴幼儿分别手拿红色、绿色人行横道信号灯模型扮演人行横道信号灯，一名婴幼儿扮演交警，一名婴幼儿扮演开车的司机，其他婴幼儿排成一排扮演过马路的行人。到了路口时，保育师和婴幼儿一起念儿歌："大马路宽又宽，警察叔叔站中间，红灯亮了停一停，黄灯亮了准备好，绿灯亮了往前行。"当红色信号灯被举起来的时候，扮演司机的小朋友口中发出"嗞"的刹车声，做踩刹车、停车的动作；同时，站在斑马线两端的扮演行人的小朋友看到绿色人行灯被举起时，快速通过斑马线。当黄色信号灯被举起来的时候，开车的小朋友一边说"准备停车"一边慢慢减速；同时，扮演行人的小朋友说"站在'安全岛'上不要动"并停在斑马线两端的"安全岛"上。当绿色信号灯被举起来的时候，扮演司机的小朋友发出"嘀嘀"的声音，做着开车的动作，继续前进。同时，扮演行人的小朋友要停在斑马线两端"安全岛"上，不能动。如有犯规，保育师要及时指明错误并做出正确的示范。

任务总结与反思

1）婴幼儿在托幼园所一日生活各环节中会存在哪些安全隐患？

2）为了保障婴幼儿在托幼园所一日生活的安全，保育师要做好哪些工作？

任务二　对婴幼儿的安全教育

任务导入

在某小学附近的红绿灯，5岁的明明为了追赶宠物狗欢欢，在过马路时突然脱离妈妈的手，从人行横道外加速猛跑过马路，径直撞上了一辆右转弯正常行驶的小货车，导致明明肩胛骨骨折……

在婴幼儿成长的过程中，安全隐患不仅存在于婴幼儿在托幼园所的生活中，还存在于婴幼儿居家生活、出行生活、社交活动等时时处处。因此，帮助婴幼儿树立安全意识，培养婴幼儿的自我保护能力尤为重要。作为保育师，我们要教给婴幼儿哪些安全知识呢？

任务导图

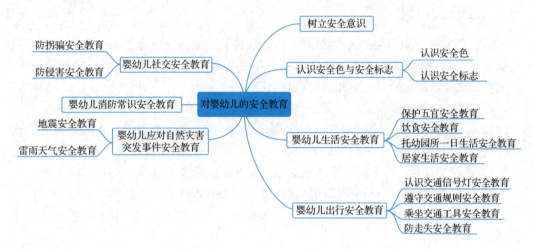

任务目标

※ 知识目标

1）指导婴幼儿认识安全色及安全标志。

2）指导婴幼儿掌握交通规则。

3）指导婴幼儿学会防拐骗、防侵害的方法。

4）指导婴幼儿了解消防常识，掌握逃生中应注意的问题。

5）指导婴幼儿了解地震、雷雨极端天气的安全知识。

※ 能力目标

1）指导婴幼儿学会规避生活中、出行中的安全风险。

2）指导婴幼儿遇到危险时进行简单求救和自救。

3）指导婴幼儿遇到火灾或极端天气时迅速逃生和简单自救。

※ 素质目标

1）帮助婴幼儿树立安全意识。

2）帮助婴幼儿树立守则意识。

一、树立安全意识

婴幼儿安全意识是婴幼儿对安全知识的掌握及保证自身安全的基本行为认识。树立安全意识是婴幼儿自我保护能力的前提。下面将借助对婴幼儿安全事故案例的分析，告诫婴幼儿要远离危险，时刻知道要保护自己。

帮助婴幼儿树立安全意识主要做到以下几点。

1）告诫婴幼儿不玩有危险性（如尖锐、有电、有毒等）的物品，不做危险性动作或有危险的事情，不在有危险的地方玩耍，知道保护自己的生命和安全很重要。

2）告诫婴幼儿一个人离开集体或家长的视线可能会发生危险，不要单独行动。

3）提醒婴幼儿身体有不舒服的感觉的时候要及时告诉家长或教师。

4）告诫婴幼儿如果遇到突发事件，不要慌张，要紧随家长或听从教师的指挥有序撤离。

5）告诫婴幼儿要记住家长的电话和自己的家庭住址，但不要将这些信息告诉陌生人，要在遇到危险的时候告诉警察等救助自己的人。记住常用的三个报警电话（表 2-8），即 110、119、120（切记：如果没有遇到紧急情况，则不能随便拨打报警电话），知道遇到危险时要及时求救、自救。

表 2-8　常用报警电话

号码	报警范围	车辆外观	拨打方法
110	遇到危险或坏人等		① 拨打 110 号码； ② 电话接通后，简单叙述看到的情况（包括时间、地点、发生的情况等）； ③ 说出自己的姓名、性别、年龄、地址、电话； ④ 待对方挂断电话后再挂机
119	遇到各种火灾		① 拨打 119 号码； ② 电话接通后简单说明火灾发生的地点、时间、火势情况及周围环境等； ③ 如果知道由什么引起的火灾及主要燃烧物等，则要一并说明； ④ 说明火灾现场能否进大车； ⑤ 说出自己的姓名、性别、年龄、地址、电话； ⑥ 待对方挂断电话后再挂机

续表

号码	报警范围	车辆外观	拨打方法
120	突发严重疾病或受伤		① 拨打 120 号码； ② 电话接通后，简单说明患者病情或受伤情况； ③ 说明患者或受伤害者的地点和发病时间； ④ 说出自己的姓名、性别、年龄、地址、电话； ⑤ 待对方挂断电话后再挂机

保育师要结合婴幼儿生活中各环节可能出现的安全隐患，运用讲故事、做游戏等方式向婴幼儿渗透安全知识，做到安全知识随时讲，安全意识不放松。

练一练

根据所学知识，阐述当出现以下情境（表 2-9）时应对婴幼儿进行怎样的安全指导。

表 2-9　预测情境下的安全指导

情境预测	保育师的安全指导
明明正拿着一根铁丝玩……	
美美不想上幼儿园，便趁着教师和保育师不注意的时候，偷偷溜出了幼儿园……	
朵朵和奶奶在家玩耍的过程中，奶奶突然晕倒了，朵朵拿起电话却分不清该打 110、119、120 中的哪个报警电话……	

二、认识安全色与安全标志

安全色和安全标志是提醒人们远离危险的信号。下面将讲解四种安全色的含义，列举不同安全标志的用途，旨在帮助婴幼儿快速发现、识别安全隐患，以保证自身的安全。

（一）认识安全色

《安全标志及其使用导则》（GB 2894—2008）中规定：安全色是传递安全信息含义的颜色，包括红、蓝、黄、绿四种颜色；安全标志是用以表达特定安全信息的标志，由图形符号、安全色、几何形状（边框）或文字构成；安全标志分为禁止标志、警告标志、指令标志和提示标志四大类。婴幼儿要知道四种安全标志及其含义（图 2-1），并能够按照要求做。

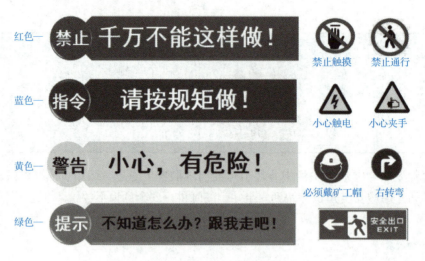

图 2-1　四种安全标志及其含义

（二）认识安全标志

保育师要协助教师指导婴幼儿认识生活中常见的安全标志（图 2-2），知道它们的用途，并能够根据安全标志的提醒预防危险、保护自己的生命安全。

图 2-2　生活中常见的安全标志

保育师解读

安 全 标 志

安全标志是向工作人员警示工作场所或周围环境的危险状况，指导人们采取合理行为的标志。安全标志能够提醒工作人员预防危险，从而避免事故发生；当危险发生时，能够指示人们尽快逃离，或者指示人们采取正确、有效、得力的措施，对危害加以遏制。安全标志不但类型要与所警示的内容相吻合，而且设置位置要正确合理，否则就难以真正充分发挥其警示作用。

保育师要运用多种方式帮助婴幼儿记住不同安全标志的含义，以及指导婴幼儿快速做出相应的反应，知道时刻要保护自己的安全，防患于未然。

练一练

根据所学知识，在表 2-10 中举例说明四种安全色的含义及用途。

表 2-10　四种安全色的含义及用途

安全色	含义	用途举例（安全标志）
红色		
黄色		
蓝色		
绿色		

三、婴幼儿生活安全教育

婴幼儿的健康成长离不开生活细节中的安全保护。下面将从保护五官安全、饮食安全、托幼园所一日生活安全及居家生活安全四个维度指导婴幼儿掌握生活安全常识，能够发现安全隐患，时刻警惕要远离危险，确保自己的安全。

（一）保护五官安全教育

1. 保护眼睛

告诉婴幼儿自己的手会因触碰各种物品而沾有细菌，不能用没有洗的脏手揉、擦眼睛，避免眼睛感染细菌；铁丝、剪刀等尖锐的物品

微课　保护五官的
安全教育

不能当作玩具，以防扎伤自己或别人；看到别人拿着棍子或尖锐物体挥舞时要远离，以防发生意外；遇到玻璃、木屑等碎片飞过来的时候，要用手挡住眼睛，以免碎片扎伤眼睛；红眼病会传染，不要用别人的手帕擦眼睛或用脏手揉、擦眼睛；眼睛不舒服或进入异物时，不要用手揉、擦，要告诉家长或教师及时处理。

红 眼 病

红眼病是急性细菌性结膜炎的俗称，是一种常见的眼病，传染性强，多见于春秋季节，也可流行于学校、工厂等集体生活场所，主要特征为结膜明显充血，有脓性或黏液脓性分泌物，通常为自限性疾病。

红眼病的传染方式为接触传染，不能经过空气传染，所以相互对视不会引起传染。预防红眼病的方法：尽量不触摸红眼病患者触摸过的物品，如果一定要触摸，则事后一定要用肥皂水洗手，有条件的可将手消毒；不要用手揉眼，特别是不要用手指内面和手掌等容易被污染的部位去揉、擦眼部；更不能与患者共用手巾、手帕和脸盆。目前尚无有效的眼药水预防红眼病，所以不要试图用眼药水滴眼来预防此病，以免脏手接触眼部增加感染机会。

2．保护手

告诉婴幼儿不吮吸手指头，不啃指甲，要勤洗手，勤剪指甲，避免存留细菌；不用手触摸尖锐的（如小刀、针、玻璃片等）、烫热的（如热水壶、炒勺等）、有电的（如电源、插座等）危险物品，以防发生划伤、烫伤、触电等危险；不能随便将手指伸入细小的孔洞或狭窄的缝隙中，以防手指被卡住而受伤。

3．保护嘴

告诉婴幼儿不要把笔尖、笔管等尖锐的物品放入嘴里，要保护自己的嘴不被划伤；要坚持早晚刷牙、漱口，不吃坚硬的东西，不吃过冷或过热的食物，保护口腔卫生和牙齿的清洁。

4．保护鼻子

告诉婴幼儿不要用手挖鼻孔；不要往鼻子里边塞豆子、纸团、小玩具等东西；不要擤鼻涕时太用力，要学会保护自己的鼻子。

（二）饮食安全教育

告诉婴幼儿贪吃对身体有危害，要适量饮食，保护自己的身体；带皮的水果要清洗后才能吃；吃带骨头的肉或带刺的鱼时要特别小心，可以单独吃，不能边吃边交谈；不吃没有食品安全标志的食品，不吃过期的、变质的食品；要学会辨别糖果和药片，不能乱吃药；不接近过热的饭菜汤，以防烫伤；使用勺子或筷子时，不拿着餐具走动、打闹，避免发生意外。

常见的食品安全标志

常见的食品安全标志如表 2-11 所示。

表 2-11　常见的食品安全标志

名称	标志	含义
食品安全标志		QS 是 quality safety（质量安全）的缩写，获得食品质量安全生产许可证的企业，其生产加工的食品经出厂检验合格的，在出厂销售前，必须在最小销售单元的食品包装上标注由国家统一制定的食品质量安全生产许可证编号，并加印或者加贴食品质量安全市场准入标志（QS 标志），才能出厂销售。没有 QS 标志的，不得出厂销售
有机食品标志		有机农业是一种不使用人工合成的化肥、农药和饲料添加剂的农业系统。有机农产品是指根据有机农业原则和有机农产品生产、加工标准生产出来的农产品，它由质量技术监督部门认证、管理
无公害农产品标志		无公害农产品是指产地环境、生产过程和产品质量符合国家有关标准和规范的要求，经认证合格获得证书并允许使用无公害农产品标志的优质农产品及其加工制品。无公害农产品标志由农业部门认证，标志的使用期为 3 年
绿色食品标志		绿色食品是指在无污染的生态环境中种植及全过程标准化生产或加工的农产品，严格控制其有毒有害物质含量，使之符合国家健康安全食品标准，并经专门机构认定，许可使用绿色食品标志的食品。绿色食品标志的使用期为 3 年

（三）托幼园所一日生活安全教育

1. 接送交接安全教育

告诉婴幼儿早晨进入托幼园所后和晚上没有看到家长之前，不能独自跑出托幼园所，不能离开教师或保育师的视线。如果有陌生人来接自己，不能跟陌生人走。

2. 游戏活动安全教育

（1）室内活动安全教育

1）指导婴幼儿正确、安全地使用剪刀、尺子、小刀、铅笔、橡皮等尖锐的学习用具，使用剪刀时不能对着他人，防止发生危险。告诉婴幼儿不能拿学习用具当玩具；不能把铅笔放进嘴里，避免铅中毒；学习用具使用完毕要及时放回原处。

微课　室内活动的
安全教育

2）指导婴幼儿学会双手搬椅子的方法，避免发生磕碰。

3）告诉婴幼儿不能在教室里或走廊、过道里跑、跳，防止被桌椅的棱角划伤、碰伤。

4）指导婴幼儿开关房门或柜门时，手要放在门把手上，不能放在门缝中，开关门要轻，以防自己或同伴受到伤害。

 保育师解读

正确使用剪刀的方法

先将大拇指放进剪刀上面的洞中，再将食指和中指同时放入下面的洞中，稳稳握住剪刀。把剪刀的尖朝前，使剪刀立起来，从身体开始向前方剪，不要横着剪，以防剪到或扎到身体其他部位。把剪刀传递给别人时，刀尖要合拢，并把刀尖朝向自己握住，而把剪刀柄朝向别人递出，这样才安全。

（2）户外活动安全教育

1）指导婴幼儿学会安全上下楼：上下楼梯时要排队，眼睛看着台阶，扶着楼梯扶手，靠着右侧慢慢走；楼梯要一级一级往下走，不要从楼梯扶手往上爬或往下滑，不能从楼梯台阶上往下跳；上下楼梯时不能嬉戏、打闹、推搡，以防发生意外。

2）指导婴幼儿学会安全滑滑梯：滑滑梯的时候要坐直，不能趴着滑、倒着滑，不能在滑梯上推人，滑到下面后要立刻离开；滑滑梯时要排队，不能拥挤、推拉。

3）指导婴幼儿学会安全跑步：跑步时眼睛要向前看，手不能放在兜里，不能猛跑，不能和小朋友拉着手跑；发现危险物品或障碍物要及时躲避，防止磕碰的发生。

4）指导婴幼儿学会安全荡秋千：荡秋千时要等秋千停稳以后再下来；两个小朋友一起荡秋千时，负责推的小朋友要等秋千上的小朋友坐稳后再推，秋千动起来就要马上跑开。

5）指导婴幼儿学会安全跳绳：跳绳的时候要穿运动鞋，不在不平的或湿滑的地面上跳绳，避免崴脚或滑倒；跳绳时既要远离其他正在玩耍的小朋友，也要避让正在跳绳的小朋友，保护自己和他人的安全。

3. 盥洗、如厕安全教育

告诉婴幼儿洗手时要排好队有序进出盥洗室；要学会控制水龙头的水量，以防水花四溅，导致摔伤；洗完手要及时关闭水龙头；如厕后要及时洗手。

4. 用餐安全教育

告诉婴幼儿要与食盆、食桶、暖水壶等热、烫的物品保持距离，以免被烫伤；进餐时不说话，不能边吃边玩，要细嚼慢咽，只有把嘴里最后一口饭咽下后才能离开座位。

 保育师支招

当婴幼儿进餐过程中需要加饭时，为了避免婴幼儿因口中有食物时说话被呛着，保育师可以提前和婴幼儿约定加餐的手势语。例如，加主食——举拳头、加汤——举手掌等婴幼儿和保育师熟悉且约定好的手势语，可保证婴幼儿用餐安静、有序。

5. 午睡安全教育

告诉婴幼儿不能带危险物品上床，不能在床上蹦跳，不能趴着、蒙头、枕手睡觉；如果吃得太饱，不能马上睡觉；睡觉前，发卡、头绳等饰物要交给教师或保育师统一保管，不能把皮筋、线绳套在或缠绕在手指、手腕上睡觉，以免发生危险。

6. 服药安全教育

告诉婴幼儿乱吃药是有危险的，不能翻动或拿取药袋里的药品。

婴幼儿安全照护

（四）居家生活安全教育

告诉婴幼儿在家中不要随便触碰煤气开关，不能用手指或其他东西捅插座上的洞口；如果需要连接电源，一定要找家长帮忙；不能把手放在门缝或抽屉缝中，防止夹伤；不能玩火；不能攀爬阳台、门窗或其他高处，以防坠落。

婴幼儿手指被门缝夹住的应对措施如下。

1）找身边的硬物，尽量塞住门缝，将门缝撑大，同时又可以防止门缝错位或门缝忽然缩小，对婴幼儿造成二次伤害。

2）用纱布、棉布等将婴幼儿受伤的手包住，以降低门缝对手的伤害。如果手头没有纱布和棉布，可以用衣服包住。

3）可以用工具试着从缝隙上下两端施力撬开一道缝隙，将手拿出。

4）如果手指夹得不是很紧，可以找润滑剂抹在婴幼儿的手上和门缝上，通过润滑作用把手指慢慢抽出来。

5）及时报警，寻求专业人士的帮助，以防止操作不当再次对婴幼儿造成伤害。

"生活处处有隐患"，保育师要保持高度的责任心和警惕心，做到时时关注、处处提醒婴幼儿，以防安全事故的发生。

根据所学知识，在表 2-12 中举例说明婴幼儿在生活中保护自己、防患于未然的方法（各举一例即可）。

表 2-12　婴幼儿在生活中保护自己、防患于未然的方法

内容	保护自己、防患于未然的方法
五官安全	
饮食安全	
托幼园所一日生活安全	
居家生活安全	

四、婴幼儿出行安全教育

婴幼儿出行（尤其是与家长同行）的场所往往是超市、商场、游乐园、旅游场所等人员繁杂的地点，这也是婴幼儿最容易出现安全事故的地方。因此，指导婴幼儿在出行中遵守交通规则、学会安全乘坐交通工具、掌握意外走失的自救方法，对于保障婴幼儿出行的安全非常必要。

（一）认识交通信号灯安全教育

指导婴幼儿认识交通信号灯，知道"红灯停、绿灯行、黄灯等一等"的含义，并能按照信号灯的指示通行。常用的交通信号灯有机动车信号灯、非机动车信号灯、人行横道信号灯、方向指示灯、车道信号灯、闪光警告信号灯、道路与铁道平面交叉道口信号灯。

（二）遵守交通规则安全教育

指导婴幼儿过马路时要遵守交通规则，走斑马线，不能横穿马路，不能在马路上玩耍；在车站等车的时候要站在白色安全线以内，否则容易发生危险。

（三）乘坐交通工具安全教育

指导婴幼儿学会安全乘坐交通工具，具体内容如下。

微课 婴幼儿乘坐交通工具的安全照护

1）指导婴幼儿乘坐公共汽车时，要等车停稳后再排队上、下车，不拥挤、不推拉，要拉紧家长的手，车上不能乱跑、乱叫；乘车时如果没有座位，要双手抓住家长的手站好，也可以抓住把手或座位的椅背，避免在公共汽车停车或启动时摔伤。

2）乘坐轿车时要系好安全带；不坐副驾驶，如果有安全座椅，要坐在安全座椅上；乘车时不要把头、手、胳膊伸向窗外，以免被对面的车或路边的树木刮伤；乘车时尽量不要和司机交谈，以免分散司机的注意力；不能随便摆弄车把手；不要向车窗外乱扔杂物，以免伤及他人。

3）指导婴幼儿乘坐自行车或摩托车时要扶好家长，脚要放稳，不能乱动。

4）指导婴幼儿乘坐飞机时要正确系安全带，学会使用氧气面罩。

5）指导婴幼儿乘坐船时，要在码头等待，按次序排队上船，不乘坐拥挤、超载的船，坐船时要坐稳、抓牢，不嬉笑、不打闹。

（四）防走失安全教育

指导婴幼儿外出时要紧随家长，不要离开家长的视线。如果走失，不要慌，站在

原地不要动，不哭不闹，并向警察、商场保安等特定的人求助。例如，请他们帮忙进行寻人广播，请他们给自己的家长打电话，或者帮忙拨打 110 报警电话等。不要跟陌生人走，如果有陌生人强行带自己走，要大声呼救。

人 行 横 道

　　人行横道是指在车行道上用斑马线等标线或其他方法标示的规定行人横穿车道的步行范围，是防止车辆快速行驶时伤及行人而在车行道上标线指定须减速让行人过街的地方。人行横道的标线方式有两种：条纹式（或称斑马纹式）人行横道线和平行式人行横道线。

　　婴幼儿出行的安全隐患多存在于和家长外出的过程中。保育师在对婴幼儿进行出行安全教育的同时，还要向家长进行相关宣传。通过家园共育的方式，保障婴幼儿的安全。

　　根据所学知识，在表 2-13 中举例说明婴幼儿在出行中保护自己、防患于未然的方法（各举一例即可）。

表 2-13　婴幼儿在出行中保护自己、防患于未然的方法

内容	保护自己、防患于未然的方法
步行外出时	
乘坐交通工具时	
与家长走散时	

五、婴幼儿社交安全教育

　　近年来，婴幼儿被拐骗、被侵害的事件屡有发生。因此，婴幼儿的安全教育也备受家长及社会的关注。下面将从婴幼儿在与陌生人接触的过程中容易发生的安全事故入手，给出相应的指导意见，让婴幼儿从内心提高警惕，知道时刻要保护自己的安全。

（一）防拐骗安全教育

告诉婴幼儿无论何时都不能单独跟陌生人走，面对陌生人给的糖果、食物或礼物时要学会礼貌地拒绝。独自在家时，如果有陌生人来敲门，不要慌张，不能给陌生人开门，同时给父母打电话。如果外出时与父母走散，不要轻信陌生人，不能跟陌生人走。如果陌生人强行带自己走，要大声呼救。

微课 防拐骗的安全教育

（二）防侵害安全教育

告诉婴幼儿不要独自在无人的场所逗留；被泳衣遮盖的地方是自己的隐私处，不能让别人看和触摸（除家长和医生外）；对于不正当或不舒服的身体接触，要勇敢地说"不"。

保育师支招

常见骗术：①假冒熟人诱骗法；②零食、玩具诱骗法；③帮忙带路哄骗法；④忽视瞬间抢夺法。

防骗妙招：①不要让婴幼儿离开自己的视线；②不能让陌生人帮忙照顾婴幼儿；③带婴幼儿外出，要由自己或有经验的家人看管，尽量不让保姆单独看管；④拒绝陌生人抱婴幼儿，拒绝给婴幼儿吃陌生人给的糖果；⑤不能让婴幼儿独自外出玩耍；⑥聘请保姆时需仔细核实其身份。

保育师要与教师、家长相互配合，保证婴幼儿的活动不离开大人的视线。婴幼儿有时不能正确表达自己身体的变化情况，保育师要细心观察每个婴幼儿的身体和精神的状况，如发现异常，要及时做出相应处理。

练一练

根据所学知识，在表 2-14 中列出婴幼儿在社交中保护自己的安全应注意的问题（各举两例即可）。

表 2-14　婴幼儿在社交中保护自己的安全应注意的问题

项目	应注意的问题
预防被拐骗	
预防被侵害	

六、婴幼儿消防常识安全教育

托幼园所和婴幼儿家中虽然不是火灾的常发地，但也不能排除发生火灾的可能。下面将指导婴幼儿掌握常用的消防安全知识及逃生方法，增强婴幼儿的自我保护意识，尽可能做到防患于未然。

婴幼儿消防常识安全教育应注意以下几点。

1）告诉婴幼儿不能玩火柴、打火机等能产生火的东西，看到同伴玩火柴、打火机时要及时制止；不能靠近蚊香、燃烧的炉具、未熄灭的烟头等带火的物品；不能独自玩烟花爆竹，以防发生危险。

2）指导婴幼儿认识严禁烟火、安全出口等标志，知道 119 火警电话。

3）告诉婴幼儿遇到火险时不能坐电梯、不能往上逃，要用湿毛巾捂住口鼻，弯腰低头跟紧家长或教师，迅速有序地逃离受灾地点；学会正确逃生要领，增强消防意识。

灭火器的一般使用方法

用手握住灭火器的提把，平稳、快速地提往火场。在距离燃烧物 5 米左右的地方，拔出保险销。一只手握住开启压把，另一只手握住喷射喇叭筒，喷嘴对准火源。喷射时，应采取由近而远、由外而里的顺序。

微课　干粉灭火器的
使用方法

如果婴幼儿在托幼园所期间发生火灾，保育师不要慌张，要结合自己已掌握的消防安全知识，迅速组织婴幼儿逃离受灾地点。保育师如需使用灭火器灭火，要让婴幼儿远离，以防误伤婴幼儿。发生险情时，要以保障婴幼儿的生命安全为第一位。

根据所学知识，在表 2-15 中列出婴幼儿需要掌握的消防常识（各列出两项即可）。

表 2-15　婴幼儿需要掌握的消防常识

项目	消防常识
火灾未发生	
火灾发生时	

七、婴幼儿应对自然灾害突发事件安全教育

自然灾害一旦发生，会给我们带来巨大的伤害。下面将通过向婴幼儿讲解地震、雷雨极端天气自然灾害突发事件的预防知识和应对方法，增强婴幼儿自我保护的意识和能力。

（一）地震安全教育

1）指导婴幼儿发生地震时如果在室内，要迅速寻找室内墙角、厕所等容易构成三角支撑的地方，以及坚实固定的家具、课桌底或旁边，蹲下、低头，尽可能用身边的坐垫、枕头、书包等柔软物体护住头部；同时还可以用湿毛巾捂住鼻子和嘴，以防吸入灰尘和毒气；不能跑到阳台或窗户旁边，要远离玻璃门窗或悬挂物品；不能乘坐电梯。

2）指导婴幼儿发生地震时如果在室外，要到空旷的广场避难，不能躲在树木、电线杆、广告牌附近，不要躲进地下通道中或高架桥下面，不要坐在汽车里面。

3）告诉婴幼儿如果被埋，不要惊慌，要想办法保护自己，尽可能寻找能发出声响的物品，通过用力敲击向外面发出求救信号。

（二）雷雨天气安全教育

1）指导婴幼儿雷雨天气发生时如果在室内，要关闭窗户及电器开关。

2）指导婴幼儿雷雨天气发生时如果在室外，切记不要使用金属手柄的雨伞，不能在树下、电线杆下及有高压线的地方避雨，以防遭到雷击。不要站在门口、广告牌路牌附近，避免风力过大，有坠物造成意外砸伤；遇到响雷时，可以捂住耳朵，如果不捂住耳朵，就要张开嘴巴。

如果婴幼儿在托幼园所期间发生自然灾害，保育师不要慌张，要运用自己掌握的防灾知识和方法，迅速组织婴幼儿有序撤离。发生自然灾害，要以保障婴幼儿的生命安全为第一位。

 练一练

根据所学知识，在表 2-16 中列出婴幼儿应对自然灾害应注意的问题（各举两例即可）。

表 2-16　婴幼儿应对自然灾害应注意的问题

项目	应注意的问题
遇到地震	
遇到雷雨天气	

 任务检测

一、填空题

1. 安全色分为 _____、_____、_____、_____ 四种颜色。
2. 三种常用的报警电话：_____、_____、_____。

二、判断题

1. 婴幼儿如果不愿意上托幼园所，可以自行离开托幼园所。　　　　（　　）
2. 婴幼儿可以趁着吃饭的时候多聊天，以便更好地沟通感情。　　（　　）
3. 婴幼儿在托幼园所活动时，要学会用双手搬椅子，以防发生磕碰。（　　）
4. 婴幼儿可以和小伙伴拉着手跑步。　　　　　　　　　　　　　（　　）
5. 婴幼儿通过十字路口时，只要按照交通信号灯指示行走即可，不用走人行横道。　　　　　　　　　　　　　　　　　　　　　　　　　（　　）
6. 婴幼儿随父母外出时，如果走失，要马上去寻找父母。　　　　（　　）
7. 陌生人如果能说出父母的名字，婴幼儿就可以跟他走。　　　　（　　）
8. 如果有陌生人要强行带自己走，要大声呼救。　　　　　　　　（　　）
9. 如果遇到火灾，婴幼儿要马上大声呼救。　　　　　　　　　　（　　）
10. 如果遇到地震，婴幼儿要马上躲到窗下。　　　　　　　　　　（　　）

三、简答题

1. 婴幼儿应该如何保护自身五官的安全？
2. 婴幼儿如何正确地使用剪刀？

围绕婴幼儿生活中、出行中常见的安全隐患及预防措施，开展"我的安全我做主"安全知识宣传情景剧表演活动。

寻"险"比赛

游戏准备：危险物品图片、安全小标志。

游戏场地：活动室、操场等。

游戏玩法：保育师将提前准备好的安全小标志同等数量发给婴幼儿后，带领婴幼儿进入保育师提前布置好的充满"危险"的游戏场地。保育师发出比赛开始的口令后，婴幼儿进入场地寻"险"。发现危险品标志或图片后，婴幼儿要迅速用手中相应的安全标志将危险物替换。在规定时间内，寻"险"正确数量最多者获胜，保育师将授予获胜者"安全小卫士"称号。注意：在游戏过程中，如果婴幼儿之间发生碰撞，将扣除相互碰撞的婴幼儿每人一个"危险品"数量。

1）面对婴幼儿生活中存在的诸多安全隐患，保育师要对婴幼儿进行哪些方面的安全教育？

2）面对婴幼儿出行过程中存在的诸多安全隐患，保育师应教给婴幼儿哪些安全常识？

3）面对社会中潜在的各种安全隐患，婴幼儿应该知道哪些防拐骗、防侵害的知识？

任务三　对家长的安全教育

中午，豆豆妈妈给2岁的豆豆做了他最喜欢吃的菠菜汤面。面刚出锅，"快递已到"的信息便传到了豆豆妈妈的手机里。豆豆妈妈想：快递柜就在楼下，取快递不到5分钟，我快去快回，一定没事儿。于是，豆豆妈妈跟豆豆说了一声，就快速下了楼……5分钟不到，豆豆妈妈还没有走回到门口，就听到了豆豆的哭声。开门一看，豆豆脸上、身上已经被菠菜汤面烫得通红。豆豆妈妈后悔极了，马上拨打了120……

婴幼儿安全照护

近年来，因家长的粗心和疏忽造成的婴幼儿安全事故屡见不鲜。因此，保育师不仅要保护婴幼儿的安全，还要帮助婴幼儿树立安全意识，更要经常通过多种形式向家长宣传安全育儿知识，让家长知道自己的行动与婴幼儿的安全直接挂钩。只要家长多一分细心，多一分关注，婴幼儿就会多一分安全。

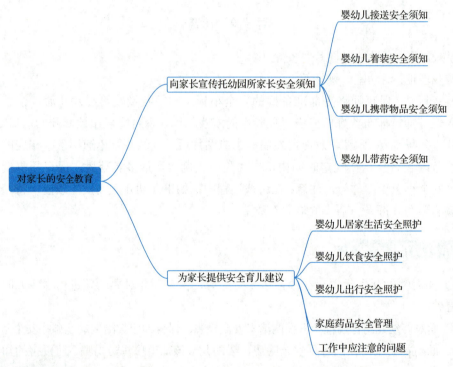

※ 知识目标
掌握向家长宣传托幼园所家长安全须知的项目及内容。

※ 能力目标
能够为家长提供安全育儿建议。

※ 素质目标
1）帮助家长树立安全育儿意识。
2）提高保育师的沟通能力。

一、向家长宣传托幼园所家长安全须知

婴幼儿在托幼园所一日生活的安全，不仅需要保教人员的安全照护，还需要家长的积极配合。托幼园所通过向家长宣传婴幼儿在托幼园所生活中与家长有关的安全须知，建立家园共建机制，为婴幼儿在托幼园所中的安全提供保障。

（一）婴幼儿接送安全须知

1）家长要按照托幼园所的要求，按时接送婴幼儿。

2）家长接送婴幼儿必须出示接送卡。接送卡如有丢失，要及时到托幼园所进行登记、补办，并要告诉班主任。固定接送人员如有变动，家长要及时更换接送卡内的信息，并与班主任做好交代。

3）婴幼儿入园时，家长要把婴幼儿交到教师手上方能离开。切不可因着急上班就把婴幼儿送到大门口，让婴幼儿独自进班。如果婴幼儿来园时晨间活动已经开始，家长不能把婴幼儿单独留在班级。同时，家长不宜与带班教师久聊，以免影响教师正常工作。

4）婴幼儿离园时，家长要拉住婴幼儿的手及时离园，以免婴幼儿在混乱中走失。

5）如果家长因特殊情况不能来接婴幼儿，一定要在早上入园时写好委托书，注明由谁来接，以及此人的基本情况等。如果家长临时有急事不能来接婴幼儿，一定要提前和带班教师联系，告知替代自己接送婴幼儿的人员的姓名、单位、照片等身份信息，以防冒领婴幼儿。无论何种情况，都不能让未成年人接送婴幼儿。

6）如果婴幼儿在托幼园所外玩耍，则一定要在家长的视线内。婴幼儿玩耍大型玩具时，家长必须守候在旁边，以免发生安全事故。

（二）婴幼儿着装安全须知

1）家长要为婴幼儿选购穿着舒适（如棉质内衣）、便于运动（如衣裤大小合身、轻便、宽松）、方便穿脱（如前面开扣、容易分辨前后）、简洁安全（如帽子上没有带子或绳子，衣裤上没有塑料装饰、亮片、珠子等安全隐患饰品）的服装。

2）家长要为婴幼儿选购大小合适的轻便鞋（如运动鞋或布鞋）。不能穿皮鞋或露出脚趾的凉鞋。低龄婴幼儿要选择无须系鞋带的鞋。

3）家长不要给婴幼儿佩戴饰品或挂件。

4）如果婴幼儿衣着不符合安全要求，家长要及时更换，以免发生意外。

（三）婴幼儿携带物品安全须知

1）家长不要让婴幼儿带贵重物品或危险物品入园（如项链、戒指、小扣子、小别

针、小珠子、小零食和尖锐的小玩具等），避免发生不必要的危险。

2）家长要关注婴幼儿来园路上是否捡了危险物品或有害物品（如小石子、小果子、小塑料片等）。如有发现，要及时处理。

3）婴幼儿进入托幼园所大门前，家长要检查婴幼儿手里、衣服口袋里是否携带了危险物品，确保安全无误后，再送婴幼儿入园。

4）婴幼儿来园所带物品太大或太重时，家长要帮助婴幼儿拿到班级，或者将婴幼儿送到户外活动场地后，再将物品送到班级。

5）家长为婴幼儿削的铅笔笔尖不宜过尖，以防扎伤婴幼儿。

（四）婴幼儿带药安全须知

1）如果婴幼儿需要在托幼园所服用药品，家长要填写带药登记表（包括婴幼儿姓名、带药时间、用药量、服药时间等事项）并签字。

2）家长为婴幼儿带的药品应是从卫生部门审定的正规渠道购买的、在有效期内的合格药品，且每天只能带中午一次的药。如果当天药有剩余，家长要及时带回。

3）不能让婴幼儿自己带药进托幼园所。

保育师要协助教师通过多种形式（如家长会、家长宣传栏、家长一封信等）向家长宣传托幼园所家长安全须知，以便达成安全教育家园一致。

在表 2-17 中列出新入托幼园所家长安全须知（各举一例即可）。

表 2-17　新入托幼园所家长安全须知

事项	安全须知
婴幼儿接送安全	
婴幼儿着装安全	
婴幼儿携带物品安全	
婴幼儿带药安全	

二、为家长提供安全育儿建议

婴幼儿的安全是每个家长最为关注的问题。然而，在婴幼儿成长过程中存在哪些安全隐患？家长又该怎样确保婴幼儿的安全？这些问题令很多家长感到苦恼。下面将从婴幼儿居家生活、饮食、出行、家庭药品管理四个方面为家长提供安全育儿的指导建议，旨在通过家园共育，为婴幼儿安全、健康的成长提供保障。

（一）婴幼儿居家生活安全照护

1）家长应用海绵、泡沫等柔软的物品包装家中柜角、桌角、电视机角等尖锐棱角处，防止婴幼儿在玩耍过程中发生磕碰。

2）家长要告诫婴幼儿有电的物品非常危险，不能触碰，如插座、插排、电线、电源插头等。家长可以将插座更换成安全插座（包括自动安全防护盖、电源插座保护盖、插座安全防尘盖）或插上安全挡板。

3）家长应经常提醒婴幼儿不要把手指放进门、窗等夹缝中，以免发生意外。

4）家长在开关门的时候，要注意婴幼儿是否在附近，以免不小心夹伤或撞到婴幼儿身体。

5）浴缸的水深虽然只有10厘米，但足以使较小的婴幼儿溺水。因此，在不洗澡的时候，一定要保证浴缸里没有水。随手关上浴室的门。

6）洗衣机附近不要放置可以垫脚的物品，以免婴幼儿因好奇爬进洗衣机而发生危险。

7）较小的婴幼儿在床上睡觉或玩耍，家长一定要在旁边看着，不能只留婴幼儿单独一人。婴幼儿的床要安装专用围栏。

8）家中有楼梯的家庭在楼梯处安装安全栏杆，防止婴幼儿攀爬。

9）家长应该禁止婴幼儿进入阳台玩耍，在阳台门口安装围栏，使其无法通过。此外，绝对不可在阳台上堆放可以垫脚的东西。

10）家长应将化妆品等含有化学成分（不可食用）的产品放在原装的包装里并锁好，不要把打开的有毒物品放在地上或桌子上。如果电话响了，家长应带上婴幼儿或自己正在使用的产品去接电话，不要给婴幼儿单独接触有毒物品的机会，以防意外发生。

11）无论是电话线、电源线还是带绳子的玩具，婴幼儿在玩耍过程中都容易将其缠绕在身上，如果家长不能及时发现，易导致婴幼儿窒息。因此，家长要及时收好家中长绳索类的物品，以防意外发生。

12）家长给婴幼儿挑选玩具时，不要选择太小的（如小珠子、硬币、纽扣、电池等）物品，以免被婴幼儿误食。

13）婴幼儿睡的床上不能堆积过重、过多的被褥。婴幼儿天生活泼爱动，力气较小，难以将塌下来的被子挪开。

14）婴幼儿大多喜欢和宠物玩耍。因此，家中如果饲养宠物，要严禁婴幼儿单独和宠物在一起，以防婴幼儿和宠物玩耍的时候发生意外。

15）预防婴幼儿烫伤的安全照护要点。

①家长在日常生活中要细心，把婴幼儿放在抓碰不到热源的安全的地方，以免烫伤。

②家长不宜抱着婴幼儿倒开水、做饭、拿热水瓶等，不要从婴幼儿头上传递盛满热饮料、热水的杯子，以免因碰翻而烫伤婴幼儿。

③家长应早些给婴幼儿准备饭菜，以免婴幼儿着急伸手去拿或吃到嘴里，导致

烫伤。

④ 家长不要将盛热水、热奶的杯子放在桌子的边缘，否则婴幼儿可能踮起脚来把杯子打翻。家中尽量不要使用质地较轻、容易拉扯的台布，避免婴幼儿拉住台布的一角使桌边的物品随台布一起滚落下来，发生危险。即使没有台布，也应把杯、盘、碗、锅等容器放在桌子里边。

⑤ 家中地面上和桌子下面不要放开水壶、热锅及热水瓶等物品，防止婴幼儿走路不稳扑倒在地时因碰翻而烫伤。

⑥ 家长为婴幼儿洗澡时，浴盆内应先放冷水，后加热水，最后用手试过水温后再让婴幼儿进入。不要把婴幼儿独自放在盛有热水的浴盆边，再去打冷水。

16）家长要告诫婴幼儿家里有很多物品存在危险，要远离，不能随意触碰，如煤气灶、微波炉、烤箱、打火机、刀具、空调等。

17）家长要告诫婴幼儿爬上柜子、桌子等高处可能会跌落、摔伤；爬上阳台、窗台可能会坠落，失去生命。家中窗台、阳台处要安装防护栏。

18）家长要告诫婴幼儿独自在家时不要给陌生人开门。

19）家长要及时清理家中杂物，保持家中干净、整洁，为婴幼儿提供健康舒适的生活环境。

20）磁贴是很多婴幼儿喜欢的玩具，婴幼儿可以通过它学习拼音字母和数字，享受到很多乐趣。但是一些质量不好的磁贴背部的小圆磁石很容易脱落，存在被婴幼儿吞下的危险。因此，家长要购买质量好、磁石不易脱落的磁贴。

（二）婴幼儿饮食安全照护

1）家长应到正规商店里购买婴幼儿食品，不能给婴幼儿食用不符合卫生标准的食品（如校园周边、街头巷尾的"三无"食品等）、饮料；让婴幼儿尽量不吃零食且少吃油炸食品，保证婴幼儿健康饮食。

2）家长应帮助婴幼儿养成勤洗手的好习惯，告诉婴幼儿洗手是预防呼吸道传染病和食源性传染病的重要措施，大小便后应洗手，购物、活动后也要注意洗手，防止"病从口入"。

3）水果表面会残留农药，家长应在食用前用清水浸泡 10 ～ 20 分钟，或用 1% ～ 2% 的食用碱清洗或用淘米水浸泡，最后用清水冲洗干净后再让婴幼儿食用。

4）家长要提醒婴幼儿吃饭的时候要细嚼慢咽，要咽下口里最后一口食物再去玩耍。家长不要催促婴幼儿吃饭，防止婴幼儿发生气管堵塞。

5）家长不要在婴幼儿吃饭的时候批评或训斥婴幼儿，要让婴幼儿在愉快、平静的心境下进餐。

6）家长应告诉较小的婴幼儿对于大块的食物、糖果要先咬碎再吃，以防婴幼儿直接吞咽发生窒息。

7）家长不要把过期食品放在家里，要指导较大婴幼儿学会认识生产日期和保质期，一旦发现食品过期就不要再食用。对于没有包装的食品，家长让婴幼儿吃前应先看看、闻闻，如果腐烂、变味，应及时扔掉。

8）家长不要给婴幼儿食用存放过久的蔬菜、水果等食品，以免发生中毒事故。

9）家长应控制婴幼儿食用巧克力、糖果的数量，以防发生龋齿和肥胖；控制冷饮的饮用总量，以防婴幼儿的消化功能发生紊乱；控制膨化食品的食用数量，以防婴幼儿发生铅中毒。

10）家长应提醒婴幼儿吃饭的时候要专心，边玩边吃饭或边说话边吃饭都容易发生危险。

 保育师支招

婴幼儿发生气管堵塞时可采用海姆利希手法（海姆立克急救法）进行急救。

1. 婴幼儿篇（倒提法）

（1）适用对象

1岁以下婴幼儿。

（2）操作方法

1）屈膝跪坐在地上。

2）抱起婴幼儿，将婴幼儿的脸朝下，使其身体倚靠在大人膝盖上。

3）以单手用力在婴幼儿两个肩胛骨之间拍背五次，再将婴幼儿翻正，在婴幼儿胸骨下半段，用食指及中指压胸五次。

4）重复上述动作，以压力帮婴幼儿咳出堵塞气管的异物，一直做到东西吐出来为止。

注意：勿将婴幼儿双脚抓起倒吊从背部拍打，否则不仅无法排出异物，还可能造成其颈椎受伤。若是液体异物，应先畅通其呼吸道，再吹两口气，若气无法吹入，则怀疑有异物堵住呼吸道。

2. 儿童篇

（1）适用对象

2岁以上儿童。

（2）操作方法

1）在儿童背后，双手放于儿童肚脐和胸骨间，一手握拳，另一手包住拳头。

2）双臂用力收紧，瞬间按压儿童胸部。

3）持续几次挤按，直到气管阻塞解除。

（三）婴幼儿出行安全照护

家长带婴幼儿出行时要遵守交通规则，给婴幼儿做榜样。家长尽量不要带婴幼儿到人员繁杂或有安全隐患的地方，以防婴幼儿走失。外出前，家长也要告诉婴幼儿，走丢时找不到家长应该怎样做。

1. 带婴幼儿乘坐交通工具时的安全照护要点

1）家长带婴幼儿乘坐私家车时，要让婴幼儿坐在专用的安全座椅上并帮助其系好安全带。不能让婴幼儿坐在副驾驶或配有安全气囊的位置，以免发生事故时，气囊弹出造成婴幼儿窒息。在行驶过程中，家长要及时锁好车门及车窗的中控锁，以免婴幼儿将头或手伸出车外，发生危险。家长不能把婴幼儿独自留在车中，以防婴幼儿发生意外。

2）家长带婴幼儿乘坐公交车时，如果没有座位，要抓住或抱住婴幼儿，以免汽车晃动时婴幼儿受到磕碰；如果有座位，要提醒婴幼儿不能将手伸出窗外，不能用手抠车窗缝隙，以免婴幼儿手部被刮伤、夹伤。

3）家长带婴幼儿乘坐自行车时，自行车后轮须加护栏，防止婴幼儿脚被绞伤。

2. 婴幼儿高温天气出行安全照护要点

1）郊游前一天要保证婴幼儿睡眠充足。婴幼儿听说要出行（尤其是郊游），通常会比较兴奋，影响睡眠。家长应提前做好工作，让婴幼儿安心入睡，为郊游积蓄精力。

2）穿着宽松、适合外出的服装，便于婴幼儿活动。郊外温差较大，要带一些御寒的衣服，同时，还应带备用衣物，以防游玩时婴幼儿出汗过多，可及时更换以防感冒。

3）注意饮食卫生。公共场所最易传播疾病，婴幼儿缺乏自我保护意识，乱摸乱拿、接触病菌的机会较多，家长带婴幼儿出行时可带消毒湿巾，必要时擦手消毒。

4）注意防蚊防虫。夏季游玩时防虫很重要，如果被蚊虫叮咬可能会对婴幼儿的健康造成损害。例如，轻者导致皮炎、丘疹，重者会染上乙型脑炎、痢疾等疾病。因此，应做好防蚊虫的工作，外出时可在裸露部位喷防蚊药水。家长夏季带婴幼儿出行时应给婴幼儿穿一些清凉的长衣长裤，让婴幼儿的四肢有所遮盖，避免暴露过多。如果婴幼儿不慎被蚊虫叮咬，家长要根据叮咬情况，咨询医护人员，及时采用适合的方法进行处理。

5）预防中暑。家长带婴幼儿出行时应注意防晒（可为婴幼儿撑伞或戴帽）。避免阳光直射婴幼儿的皮肤与眼睛，对其造成伤害。如果婴幼儿在高温天气出行的过程中出现下列症状之一，家长应考虑婴幼儿是否中暑：体温升高，皮肤发红（或发热）且干燥；婴幼儿烦躁不安、哭闹，呼吸及脉搏加速进而显得倦怠，甚至进入抽搐或昏迷的状态；较大的婴幼儿出现头晕、恶心、失去方向感且有昏昏沉沉的现象。如果中暑，要及时采取相应的处理措施。

6）预防溺水。家长带婴幼儿出行时不要让婴幼儿单独留在水边。即使婴幼儿已经学习过游泳，水也比较浅，家长也不能大意。如果带婴幼儿进行玩水的活动，家长要提前学习溺水后紧急救护的知识，以备意外之需。

3. 婴幼儿雪天出行安全照护要点

1）雪天路面容易结冰，婴幼儿出行时不能穿皮鞋或硬塑料底的鞋，尽量穿保暖且防滑性（或者抓地力）好的运动鞋。走路时应尽量稳步前行，以防发生事故。

2）家长应提醒婴幼儿雪天选择雪较厚的地方行走，并要时刻注意地面状况，不要在较薄、较平的雪片或冰面上行走，以防滑倒、摔伤。

3）家长应告诉婴幼儿雪天上下阶梯时要注意阶梯上是否有冰雪，避免滑倒。和小朋友一起玩耍时要注意安全，不要拿雪球砸向对方的脸部或头部，以免伤到对方的眼睛。

4）家长应告诉婴幼儿如果不小心摔倒，尽量别用手腕去支撑地面，因为这种摔倒姿势最容易造成手臂骨折。一旦摔倒发生骨折，家长切不可乱揉乱动，以免加重伤情；应用围巾或书本等工具，固定好骨折部位，及时将婴幼儿送到附近医院治疗。

5）遇到雪天，家长尽量不要骑自行车带婴幼儿出行。如果确实需要骑自行车出行，则要保证车速不可过快，车胎气不能太足，以增加车轮和地面的摩擦力。在弯道区域，骑车时应集中注意力，观察前方路况，确保行车安全。

（四）家庭药品安全管理

1）家长要将家中的药品放在婴幼儿触碰不到的药箱中（最好是上锁的药箱），不能和饮料、零食放在一起，以免婴幼儿误食。

2）家长给婴幼儿喂药时，要明确告诉婴幼儿药品是专门用来治疗疾病的，吃了药病才会好，不能骗婴幼儿说："药是糖果、很甜"等，以免婴幼儿产生误解，发生乱服药的事故。

3）如果婴幼儿误吃了药物，家长不能急于打骂婴幼儿，要在仔细询问吃了什么药、吃了多少等信息后立即采取相应的措施（如送医院、拨打120等），不要错过救护的最佳时机。

（五）工作中应注意的问题

1）保育师要建议家长以游戏方式（如"找一找家里的危险物"）让婴幼儿知道哪

些物品存在安全隐患；也可以和婴幼儿共同制作安全标识或警示牌，贴在危险品上。这样不仅能随时提醒婴幼儿注意，还能加深婴幼儿对危险物品的记忆和认知。

2）保育师要提醒家长，婴幼儿所有的活动都不能离开家长的视线。安全无小事，家长在照护婴幼儿的时候一定要加倍细心。

儿童安全座椅选购"三看"的具体内容如下。

一看中文标识和使用说明书。根据国家强制性标准要求，合格的儿童安全座椅产品应该有完整的中文标识和说明书，应包括制造商名称或标志、制造年份、警告标识等内容，同时须在产品上标注 CCC（中国强制认证，英文全称为 China Compulsory Certification）标识。说明书中应详细告知适用车型、安装方式、应注意的问题等。

二看外观、关键零部件和乘坐舒适度。家长检查儿童安全座椅是否存在潜在危险，应关注安全带卡扣等关键零部件，可以进行徒手卡扣插拔试验，尽量不要选择太紧或太松的卡扣，以免造成不必要的伤害。此外，应关注座椅主体是否有锋利割手的尖端锐边，是否存在夹手的危险等。同时，不要选择颜色鲜艳、有刺鼻气味的布套，以免甲醛等有害物质超标。

三看入境检验检疫证明。通过正规渠道进口的儿童安全座椅经过层层筛选和检测，合格后会有专属的合格证明，也就是入境货物检验检疫证明。有了合格证明，儿童安全座椅才可以上架销售，消费者也就可以放心购买了。

根据所学知识，在表 2-18 中为婴幼儿家长提出安全育儿建议（各举三例即可）。

表 2-18　安全育儿建议

项目	安全育儿建议
婴幼儿居家生活安全照护	
婴幼儿饮食安全照护	
婴幼儿出行安全照护	
家庭药品安全管理	

任务检测

一、判断题

1．家长因临时有事不能来接婴幼儿离园，可以直接让同事帮忙接。 （　　）

2．明明的姐姐正在上高中一年级，姐姐的学校和明明的托幼园所邻近，明明妈妈有时会让姐姐送明明来园。 （　　）

3．家长应该为婴幼儿配备便于运动、方便穿脱、简洁安全的服装来托幼园所。 （　　）

4．夏天，家长可以让婴幼儿穿露出脚趾的凉鞋。 （　　）

5．小扣子、小别针等小饰品，只要婴幼儿能够保证使用时注意安全，家长就可以让婴幼儿带到托幼园所。 （　　）

6．婴幼儿如果需要服药，家长可以将其包装好，写清用法，让婴幼儿带去直接交给教师。 （　　）

7．如果婴幼儿吃饭的时候边吃边玩，家长一定要立即严厉地批评婴幼儿。 （　　）

8．家长带婴幼儿外出，可以让婴幼儿坐在副驾驶座位上，便于照顾。 （　　）

二、简答题

简述家长带婴幼儿乘坐交通工具时的安全照护要点。

三、案例分析题

离园音乐已经响起，冬冬还想在幼儿园里玩。冬冬妈妈一想，冬冬在托幼园所里玩应该很安全，便趁着冬冬玩的时候去找班主任沟通冬冬当天在园的表现。

分析：冬冬妈妈的做法存在哪些安全隐患？作为一名保育师，你应该给冬冬妈妈提出哪些保护冬冬安全的建议？

任务实训

1）设计一份 ×× 托幼园所婴幼儿接送家长须知，向家长宣传婴幼儿接送中的安全事项。

2）设计一份 ×× 托幼园所婴幼儿服药登记表，向家长宣传婴幼儿带药的安全须知。

 任务拓展

带你找妈妈

星期天上午，文文和妈妈来儿童乐园玩。玩过淘气堡后，文文又渴又热，想要喝水。水吧就在儿童乐园门外 50 米处，妈妈怕满头大汗的文文出门着凉，便嘱咐文文坐在椅子上等待。妈妈刚去买水，一位阿姨走到文文跟前，热情地跟文文攀谈起来。阿姨说她是文文妈妈的同事，刚刚在买水的时候碰到了文文妈妈，现在买水的人多需要排队，文文妈妈怕文文着急，让阿姨帮忙把文文带过去。这位陌生的阿姨不仅说出了自己的名字，还说出了妈妈今天穿的衣服，看上去也特别和蔼可亲，文文觉得她不是坏人。于是，文文相信了阿姨，拿起玩具熊，起身准备跟着阿姨去找妈妈。正在这时，文文妈妈拿着刚买的水跑了回来，看到一位陌生人正拉着文文的手准备走，便大声呵斥。这位"亲切和蔼"的阿姨顿时惊慌失色，松开文文的手快速地跑走了。原来，这位阿姨并不是文文妈妈的同事，如果文文跟她走了，后果将不堪设想。

 任务总结与反思

1）面对婴幼儿生活中存在的诸多安全隐患，保育师要对婴幼儿进行哪些方面的安全教育？

2）面对婴幼儿出行过程中存在的诸多安全隐患，保育师应教给婴幼儿哪些安全常识？

3）面对社会中潜在的各种安全隐患，婴幼儿应该知道哪些防拐骗、防侵害的知识？

项目三　托幼园所常见伤害的预防

项目简介

　　伤害是指对人的身心造成损伤。婴幼儿受到的伤害种类很多，如窒息、烫伤、中毒、坠落、摔倒、交通事故等导致的软组织损伤、震荡伤、骨折等。伤害多事发突然，难以预料。伤害与季节、婴幼儿的精神状态也有关。伤害发生的场所很多，在婴幼儿活动的地方，如家里、托幼园所、商场、交通工具上、动物园等都可能发生。托幼园所是伤害常发的场所之一，由于婴幼儿身心发展尚未成熟，尤其需要保教人员具备预防和处理伤害的能力。

任务一　婴幼儿常见伤害

任务导入

　　2021 年 4 月 28 日，广西壮族自治区某市发生一起持凶器伤害幼儿园师生案件，伤及多名教师、幼儿。案件性质极其恶劣，引发社会强烈谴责。教育部高度重视，立即指导广西壮族自治区教育厅会同相关部门全力救治受伤师生，尽快查明案件原因，严肃追究相关责任，并会同公安部第一时间派员赴案发现场督促做好善后处置工作；同时，立即印发紧急通知，要求全国各地各校切实强化中小学幼儿园校园安全工作，坚决防止此类事件再次发生。

　　此事件为突发暴力伤害事件，对幼儿园师生造成了严重的伤害。保育师应认识伤害的类型，增强对伤害的防范意识和能力。

婴幼儿安全照护

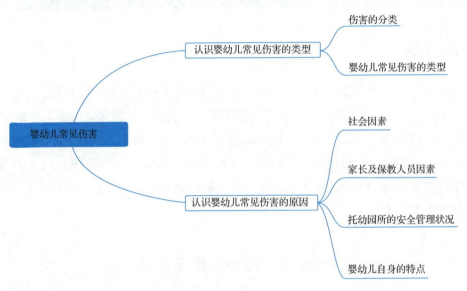

认识婴幼儿常见伤害的类型 —— 伤害的分类

认识婴幼儿常见伤害的类型 —— 婴幼儿常见伤害的类型

婴幼儿常见伤害

认识婴幼儿常见伤害的原因 —— 社会因素

认识婴幼儿常见伤害的原因 —— 家长及保教人员因素

认识婴幼儿常见伤害的原因 —— 托幼园所的安全管理状况

认识婴幼儿常见伤害的原因 —— 婴幼儿自身的特点

任务目标

※ 知识目标
1）了解婴幼儿常见伤害的类型。
2）掌握婴幼儿常见伤害的原因。
※ 能力目标
能识别婴幼儿常见伤害的原因及类型。
※ 素质目标
1）增强对婴幼儿常见伤害的防范意识。
2）深刻理解"生命至上，安全第一"。

任务实施

一、认识婴幼儿常见伤害的类型

（一）伤害的分类

伤害按照不同的分类依据可分成不同的类型。分类的依据有伤害的意图、伤害发生的地点、伤害的性质等，如表 3-1 所示。

表 3-1 伤害的分类

分类依据	类型
伤害的意图	意外伤害、故意伤害
伤害发生的地点	道路交通伤害、校园伤害、公共场所伤害、家庭内伤害等
伤害的性质	交通事故、窒息、溺水、触电、自杀、中毒、暴力等

意外伤害指在人们意料之外发生的导致身体组织或思想感情受到损害的事件，它是外来的、突发的、非本意的、非疾病的伤害事件。故意伤害指有意识地导致身体组织或思想感情受到损害的事件。

（二）婴幼儿常见伤害的类型

1. 损伤

损伤是指各种致伤因素作用于人体所造成的组织结构完整性破坏或功能障碍及其所引起的局部和全身反应。引起损伤的主要原因：①机械性因素，如锐器切割、钝器撞击、重力作用、重物挤压、火器等；②物理性因素，如寒冷、高温、电流、放射线、激光、声波等；③化学因素，如强酸、强碱、毒气等；④生物性因素，如毒蛇、犬、猫、昆虫等咬伤、抓伤、蜇伤。下面主要介绍机械性因素造成的创伤、物理性因素造成的烧伤和冻伤以及生物性因素中的咬伤等。

（1）创伤

机械性创伤因素作用于人体所造成的组织结构完整性的破坏或功能障碍，是常见的一种损伤。这类伤害是托幼园所常见的伤害。

1）跌落伤：特指人体由于重力作用突然跌倒或坠落，撞击在同一或较低的水平面而导致的伤害（图 3-1）。在意外伤害中，跌落和坠落都可能导致跌落伤。跌落伤在婴幼儿中比较常见。例如，婴幼儿在走路、奔跑、跳跃时不慎跌倒，蹭破胳膊肘、膝盖，在裸露或衣着单薄时受到的伤害尤其严重。受伤后除了可能造成局部的损伤，还可能伤害到婴幼儿的脑部及内脏。

图 3-1　跌落伤

2）挫伤：身体因碰撞或突然压挤而形成的伤，皮肤下面呈青紫色，疼痛，但不流血。

3）扭伤：多为关节处软组织受伤，患处疼痛，运动时疼痛加剧，可出现肿胀或青紫淤血（图 3-2）。

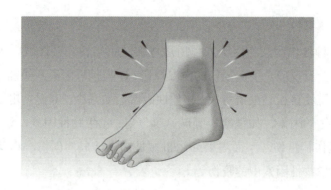

图 3-2　扭伤

4）挤压伤、碰撞伤：挤压多见于建筑物倒塌、人群挤压、交通事故车辆碾压等意外情况。人体任何部位受到挤压，使组织结构的连续性受到破坏时可理解为挤压伤。碰撞伤是物体对人体的暴力撞击所导致的损伤。它们的类型复杂多样，严重程度不等。婴幼儿多见于被门、抽屉等挤伤，碰撞到桌椅等家具。

5）关节脱位、骨折。跌落、坠落、牵拉、碰撞等都可能导致关节脱位、骨折等。

① 关节脱位：由于直接或间接暴力作用于关节或关节有病理性改变，使骨与骨之间相对关节面失去正常的对合关系。失去部分正常对合关系的称为半脱位。关节脱位多见于青壮年和儿童，四肢大关节中以肩关节和肘关节脱位最为常见，髋关节次之，膝、腕关节脱位则少见（图 3-3）。

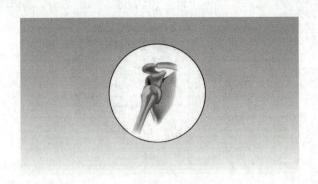

图 3-3　关节脱位

②骨折：骨的连续性、完整性中断。骨折可由创伤和骨骼疾病所致，创伤性骨折多见，如交通事故、坠落或跌倒等导致的骨折。骨髓炎、骨肿瘤等疾病导致骨质破坏，在轻微外力作用下即发生的骨折，称为病理性骨折。

根据骨折处皮肤、筋膜或骨膜的完整性，骨折可分为开放性骨折和闭合性骨折。开放性骨折是指骨折处皮肤或黏膜破裂，骨折处与外界相通。闭合性骨折是指骨折处皮肤或黏膜完整，骨折端不与外界相通。

根据骨折的程度和形态，骨折可分为不完全骨折和完全骨折。不完全骨折是指骨的完整性和连续性部分中断，按其形态又可分为青枝骨折和裂缝骨折。青枝骨折多见于儿童，主要表现为仅有部分骨质和骨膜被拉长、皱褶或破裂，常有成角、弯曲畸形，如青嫩的树枝被折断状的一类骨折。裂缝骨折是指骨质发生裂隙、无移位的骨折。完全骨折是骨的完整性和连续性全部中断，按骨折线的方向及其形态可分为横形骨折、斜形骨折、螺旋形骨折、粉碎性骨折、嵌插骨折、压缩骨折和骨骺骨折等（图 3-4）。

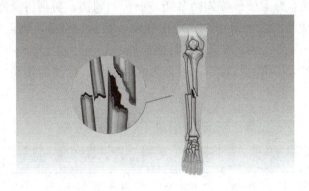

图 3-4　骨折

6）刺伤：被带刺的物体或尖锐的物体刺入身体造成的损伤。婴幼儿常见于被花草、木棍、竹棍等带刺的物体刺伤（图 3-5）。

图 3-5　刺伤

7）切割伤：婴幼儿在使用剪刀、小刀等文具或触摸打碎的玻璃器皿时，划破皮肤造成割裂、出血（图 3-6）。

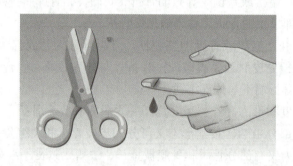

图 3-6　切割伤

跌落伤、挫伤、扭伤、挤压伤、震荡伤、关节脱位和半脱位、闭合性骨折及闭合性内脏伤等，皮肤完整无破损称为闭合伤。擦伤、刺伤、切割伤及撕裂伤等皮肤破损称为开放伤。婴幼儿的这些损伤主要是由摔倒、跌落、碰撞、被工具伤到等引起的，如从滑梯上跌落、高空坠落、被交通工具撞伤等。

此外，创伤按受伤情况的轻重，可分为轻度创伤、中度创伤和重度创伤，症状如表 3-2 所示。

表 3-2　创伤的分类（按伤情轻重分类）

种类	症状
轻度创伤	主要伤及局部软组织，无生命危险，只需局部处理或小手术治疗
中度创伤	主要是广泛软组织损伤、四肢长骨骨折、肢体挤压伤及一般腹腔脏器损伤等，须手术治疗，一般无生命危险
重度创伤	主要指危及生命，治愈后留有严重残疾者

例如，婴幼儿在玩耍时不小心跌倒，只造成手和膝盖的擦伤，无生命危险，只需局部处理或小手术治疗，为轻度创伤。婴幼儿从滑梯上跌落，造成左前臂骨折，需要手术治疗，属于中度创伤。如果造成颈椎骨骨折，会危及生命、导致瘫痪等，属于重度创伤。

　　（2）烧伤

　　物理性烧伤泛指由热力、电流、化学物质、激光、放射线等造成的组织损伤。通常所指的烧伤为由火焰、热液、蒸汽、热固体等热力导致的烧伤（图3-7）。其中，由无火焰的高温液体（沸水、热油等）、高温固体（烧热的金属等）或高温蒸汽等所致的组织损伤称为烫伤。身体部位长时间接触高于体温的低热物体也会造成烫伤，称为低热烫伤。烫伤在家庭和托幼园所都有发生。

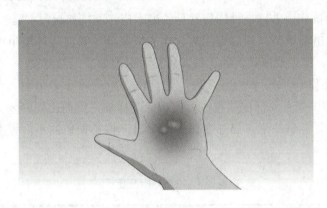

图3-7　烧伤

　　电烧伤是一种特殊的烧伤，因电流接触患者身体而引起烧伤。电烧伤常常较其表面看上去更严重。电流可能以患者身体作为导体，产生的热量导致患者身体组织热损伤。患者身体因表面和深部组织的散热率不同而出现表面皮肤相对正常但深部肌肉坏死的现象。电烧伤会使患者横纹肌溶解，导致肌红蛋白释放，引起患者急性肾衰竭。

　　（3）冻伤

　　冻伤是机体遭受低温侵袭所引起的局部或全身性损伤（图3-8）。由10℃以下至冰点以上的低温，多兼有潮湿条件造成的称为非冻结性冻伤，包括冻疮、水浸足（手）、战壕足等。由冰点以下的低温所导致的称为冻结性冻伤，局部冻伤称为冷伤，全身性冻伤称为冻僵。在冬季，托幼园所户外活动时，有时会发生婴幼儿面部、耳朵、手脚等处的冻伤。在婴幼儿来园、离园途中或家长带婴幼儿户外活动时也可能发生冻伤。

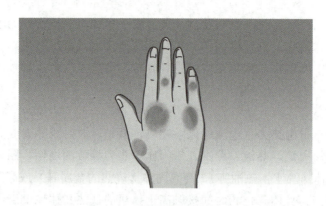

图 3-8　冻伤

1）非冻结性冻伤。非冻结性冻伤常见的为冻疮。冻疮初起，主要表现为紫红色斑，变凉、肿胀，可出现结节。局部有灼热、痒感或胀痛，在温暖环境中更明显，随病情进展可出现水疱、糜烂或溃疡，如无继发感染，可治愈，但易复发。

2）冻结性冻伤。

①局部冻伤。先有局部皮肤苍白发凉、针刺样痛，继而出现麻木、知觉丧失，肿胀一般不明显。复温解冻后，局部变化开始明显，按其损伤的不同程度分为三度，如表 3-3 所示。

表 3-3　冻伤程度及症状

冻伤程度	症状
Ⅰ度冻伤	Ⅰ度冻伤又称红斑性冻伤，伤及表皮层。局部红肿、充血，自觉热、痒、刺痛。症状于数日后消失，愈合后表皮脱落，不留瘢痕
Ⅱ度冻伤	Ⅱ度冻伤又称水疱性冻伤，伤及真皮层。局部明显充血、水肿，伴有水疱形成，疱液呈血清样。局部疼痛较明显，但感觉迟钝，对针刺、冷、热感觉消失。1～2 日后疱内液体吸收，形成痂皮。若无继发感染，2～3 周后痂皮脱落，可有轻度瘢痕形成
Ⅲ度冻伤	Ⅲ度冻伤又称坏死性冻伤，伤及皮肤全层，严重者可深达皮下组织、肌肉、骨骼，甚至整个肢体坏死。复温后，皮肤逐渐变为黑褐色，感觉消失，创面周围红、肿、痛并有水疱形成。严重Ⅲ度冻伤创面表面呈死灰色、无水疱；坏死组织与健康组织的分界较明显，常呈干性坏死，若并发感染则为湿性坏疽。治愈后多留有功能障碍或伤残

②全身性冻伤。首先表现为冷应激反应，如心跳、呼吸加快，血压升高，外周血管收缩、寒战等，随着核心温度的下降，逐渐出现寒战停止、意识模糊或丧失、脉搏呼吸减缓、心律失常，最终因多器官功能衰竭而死亡。

（4）咬伤

咬伤是指自然界中的动物，用其爪、齿、刺等伤害人类，严重者可致残或致死。

托幼机构中可见犬、猫的抓伤、咬伤，蛇咬伤，蜇伤，蚊虫叮咬伤等。其中，犬、猫的抓伤、咬伤偶发于有饲养区的托幼园所和教师组织婴幼儿观察这类动物时，蛇咬伤、蜇伤偶发，蚊虫叮咬伤最常见。婴幼儿之间的抓、咬伤也常见。

1）犬咬伤（图3-9）。随着家养宠物数量的增多，犬咬伤的发生率也相应增加。被犬咬伤后其唾液中所含有的致病病毒，可以引发狂犬病。狂犬病是由狂犬病病毒引起的一种人畜共患的中枢神经系统急性传染病，多见于犬、狼、猫等食肉动物咬伤。

图3-9　犬咬伤

2）蛇咬伤（图3-10）。以南方为多见，发生于夏、秋两季。无毒蛇咬伤只在局部皮肤留下两排对称的细小齿痕，轻度刺痛，无生命危险；被毒蛇咬伤后，伤口局部常有一对大而深的齿痕。毒蛇蛇毒注入体内，会引起严重的全身中毒症状，甚至危及生命。

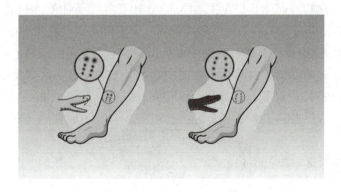

图3-10　蛇咬伤

3）蜇伤。蜇伤多是由蜂、蝎子等的螯针蜇伤或蜈蚣、毒蜘蛛等动物咬伤所致。这类动物蜇咬伤的毒素成分复杂，有的成分毒性强，会使伤者出现休克、呼吸衰竭症状，甚至危及伤者生命。

婴幼儿安全照护

2. 中毒

中毒是指有毒有害化学物质进入人体，达到中毒量而产生损害的全身性疾病。毒物是指引起中毒的化学物质。根据来源和用途，毒物可分为农药、药物、有毒动植物和工业性毒物四种。从病程上可以分为急性、亚急性及慢性中毒，其严重程度与接触剂量有关。短时间内吸收大量毒物可以引起急性中毒，表现为发病急剧、症状严重、变化迅速，如果不及时治疗就会危及生命；长时间吸收小剂量的毒物可引起慢性中毒，表现为起病缓慢、病程较长、缺乏中毒特异性诊断指标，易被误诊和漏诊。生活中常见的中毒为食物中毒和一氧化碳中毒。

（1）食物中毒

食物中毒是指摄入了含有生物性和化学性有毒有害物质的食品，或把有毒有害物质当作食品摄入后出现的非传染性急性或亚急性疾病。它不包括因暴饮暴食引起的急性胃肠炎，也不包括食源性肠道传染病（如伤寒）和寄生虫病，以及因一次大量或长期少量摄入某些有毒、有害物质引起的以慢性毒害为主要特征（如致癌、致畸、致突变）的疾病。婴幼儿多发的为食用有毒物质的食物引起的急性中毒。食物中毒按照病原物质可分为细菌性食物中毒、有毒动植物中毒、化学性食物中毒、真菌毒素和霉变食品中毒。

1）细菌性食物中毒。细菌性食物中毒是指进食被细菌或细菌毒素污染的食物而引起的急性感染中毒性疾病。常见的致病菌有沙门菌、变形杆菌、副溶血性弧菌、葡萄球菌、肉毒梭菌、致病性大肠杆菌、链球菌等。这是食物中毒最常见的一类。

当细菌污染食物，在适宜的温度、水分、pH 及营养条件下，细菌急剧大量繁殖，进食前食物加热不充分，未能杀灭细菌或破坏其毒素时，极易发生中毒。

2）有毒动植物中毒。有毒动植物中毒是指误食有毒动植物或摄入因加工、烹调不当未除去有毒成分的动植物食物而引起的中毒，其发病率较高，病死率因动植物种类而异。有毒动植物种类较多，如毒蕈、曼陀罗、白果、杏仁、桃仁、四季豆、发芽的马铃薯、河鲀及含组胺高的鱼类等。这些动植物，有的不能食用，有的加工后可以食用或药用。

有毒动植物及毒素如表 3-4 所示。

表 3-4　有毒动植物及毒素

动植物	所含毒素
河鲀	河鲀毒素
贝类	石房蛤毒素

续表

动植物	所含毒素
有毒蜜蜂	雷公藤碱及其他生物碱
毒蕈	毒肽、毒伞肽类，毒蝇碱、毒草碱、甜菜碱等生物碱类，蟾蜍素等
苦杏仁	苦杏仁苷
苦桃仁、枇杷仁、李子仁、樱桃仁	氰苷
四季豆	皂素、植物血凝素
发芽马铃薯	龙葵素
鲜黄花菜	类秋水仙碱

3）化学性食物中毒。化学性食物中毒是指误食有毒化学物质或食入被其污染的食物而引起的中毒，其发病快、潜伏期短，发病率和病死率均比较高，如有机磷、砷化物、亚硝酸盐、鼠药、农药等引起的食物中毒。

4）真菌毒素和霉变食品中毒。食用被产毒真菌及其毒素污染的食物而引起的急性疾病，其发病率高，死亡率因菌种及其毒素种类而异，如赤霉病麦、霉变甘蔗等中毒。

食物中毒发生的原因各不相同，但发病具有如下共同特点：①发病呈暴发性，潜伏期短，来势急剧，短时间内可能有多人发病，发病曲线呈上升的趋势；②中毒病人一般具有相似的临床表现，常常出现恶心、呕吐、腹痛、腹泻等消化道症状；③发病与食物有关，患者在近期内都食用过同样的食物，发病范围局限在食用该有毒食物的人群，停止食用该食物后很快停止，发病曲线在突然上升之后即突然呈下降趋势，无余波；④食物中毒病人对健康人不具有传染性。

有的食物中毒具有明显的地区性和季节性。例如，我国肉毒梭菌毒素中毒90%以上发生在新疆地区；副溶血性弧菌食物中毒多发生在沿海地区；而霉变甘蔗和酵米面食物中毒多发生在北方。食物中毒全年皆可发生，但第二季度、第三季度是食物中毒的高发季节，尤其是第三季度。

（2）一氧化碳中毒

一氧化碳中毒，俗称煤气中毒，是吸入过量的一氧化碳，导致人体缺氧而造成伤害的中毒疾病，严重者可危及生命。一氧化碳是无色无味的气体，可在无声无息中致人死亡。轻度中毒者表现为头痛、眩晕、心悸、恶心、呕吐、四肢无力，甚至出现短暂的晕厥，一般神志清醒。中度中毒者，除轻度中毒的表现外，还可出现虚脱和昏迷，皮肤和黏膜呈现樱桃红色。重度中毒者呈现深度昏迷状态，各种反射消失，大小便失

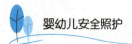
禁，四肢厥冷，血压下降，呼吸急促，可能危及生命。

3．窒息

窒息指因外界氧气不足或呼吸系统发生障碍而导致呼吸困难甚至停止呼吸。溺水、呼吸道异物阻塞、口鼻被捂住等都会导致窒息。

（1）溺水

溺水是指当被淹没/沉浸在水体中时，人体经历呼吸系统损害的过程，包括失足落入江、河、湖、水库等自然水体中，也包括落入泳池、浴盆、水井、水缸、粪缸等人工水体中（图3-11）。

图3-11　溺水

　　人溺水时会紧张，肌肉变得僵硬，喊不出来，根本无法挣扎和呼救，可能是站着不动，或低头在水下保持静止，溺亡是悄无声息发生的。
　　溺水时会出现以下状况：头倾斜低于水面，嘴巴在水面上下浮动；嘴张开，头向后仰；眼神空洞，无法聚焦或双眼紧闭；没有踩水动作，身体直立于水中；呼吸急促或痉挛。

（2）意外窒息

意外窒息是指呼吸道内部或外部障碍引起的血液缺氧状态，不包括新生儿出生时由于缺氧引起的新生儿出生窒息。可根据导致窒息的原因进行分类，如由被子、枕头和家长身体引起的床上意外窒息，由绳索或类似物引起的意外悬吊，由食物误入气道引起的窒息，由胃内容物反流进入气道引起的窒息等（图3-12、图3-13）。

图 3-12　意外窒息（一）

图 3-13　意外窒息（二）

利用网络查找托幼园所伤害事件，分析伤害的类型。

二、认识婴幼儿常见伤害的原因

（一）社会因素

我国经济的不断发展为婴幼儿的成长提供了更好的条件，但同时也带来了一些变化，如人们生活方式改变、生活节奏加快、城市建筑高层化、汽车大量增加、电器普及、社会心理问题加剧等均可能导致伤害的发生。

例如，生活节奏的加快使很多婴幼儿家长早晚匆忙上下班，加上汽车大量增加，产生交通伤害的概率大大增加，同时也出现了将婴幼儿锁在车里致其因高温窒息而亡的事件。城市建筑高层化，导致了更多的婴幼儿高空坠落。我国城市家用电器由 20 世纪 80 年代的电灯、电视、收音机发展到现代的智能家居，托幼园所也配备了多媒体等多种用电的设备，这就大大增加了婴幼儿触电的概率。

（二）家长及保教人员因素

家长和托幼园所保教人员对伤害的防范意识不强、防范能力弱，是造成伤害的重要原因。例如，家长在玩手机，婴幼儿在床上玩耍跌落造成伤害的事件时有发生；因家长疏忽，没有牵住婴幼儿的手，造成婴幼儿被车撞到的事件也有很多。保教人员组织看护不当，造成婴幼儿从滑梯上跌落的事件在托幼园所也有发生。

（三）托幼园所的安全管理状况

1. 制度不健全

托幼园所安全管理制度不健全或执行不到位，不能严格执行教育教学行为规范，都会造成婴幼儿伤害的发生。例如，某保育师早晨来园忘了及时收起昨晚投放的红色颗粒状鼠药，造成几名幼儿误服鼠药中毒；某大班幼儿正在食用午餐，一名幼儿端着汤想要回到自己的座位，另一名幼儿突然站起来，碰到了汤碗，汤洒了一地，该幼儿踩上去后滑倒，头撞到了桌子上。

2. 存在安全隐患

托幼园所内设施设备存在安全隐患，是造成伤害的重要原因之一。例如，大型室外器械上的螺钉松动，导致连接处断开（图 3-14），使幼儿被夹伤、挤伤；用电设施存在漏电隐患，导致婴幼儿触电（图 3-15）；地面积水未及时处理，导致幼儿滑倒（图 3-16），幼儿入园后园门未关（图 3-17）。

图 3-14　滑梯螺钉松动

图 3-15　用电设施存在漏电

图 3-16　地面积水未及时处理

图 3-17　幼儿入园后园门未关

（四）婴幼儿自身的特点

1．婴幼儿身体机能发育不完善，各部分组织、器官幼嫩

婴幼儿运动机能发育不完善，动作不协调，平衡功能差，走路不稳，容易跌倒而受到伤害。由于婴幼儿的颅骨骨质比较薄，如果从床上摔下去，则可能引起婴幼儿颅骨骨折、颅脑损伤。婴幼儿皮肤薄嫩，同样是烫伤，受伤程度会比成人严重。

2．婴幼儿好奇、好动、易冲动

婴幼儿具有强烈的好奇心，活泼好动、易冲动，容易在活动中受到意外伤害，如随意搬动桌椅、折带刺的花枝、钻栅栏缝隙等。

3．婴幼儿缺乏防范意识

由于婴幼儿缺乏生活经验，缺乏对外界事物的认识和判断，不知道哪些事不能做，不知道什么是危险，所以缺乏对危险的防范意识，易受到伤害。例如，把手伸入热汤里造成烫伤，从高处跳下摔伤，玩耍打闹误伤，把糖衣的药片当成糖果吃下等。

4．婴幼儿缺乏自救能力

婴幼儿的体能弱、心理素质差，缺乏生活经验，不知道自救的方法。当遇到伤害时，婴幼儿往往惊慌失措，没有能力对抗伤害。婴幼儿面对迎面开来的汽车时，常常不知道躲闪，过马路只注意一个方向的车辆而不顾另外方向的车辆。

利用网络查找托幼园所伤害事件，分析导致婴幼儿伤害的原因，可以用文字直接描述，也可以列表说明。

一、填空题

1．食物中毒可以分为 _____、_____、_____、_____。

2．环境中可能导致意外窒息的因素有 _____、_____、_____、_____ 等。

3．主要伤及局部软组织，无生命危险，只需局部处理或小手术治疗的创伤属于

_____度创伤。

4. 闭合伤有 _____、_____、_____、_____、_____、_____、_____ 等。

二、简答题

1. 如果婴幼儿把牙签、瓶盖、小扣子带入托幼园所，可能造成什么伤害？
2. 导致婴幼儿常见伤害的原因有哪些？

三、案例分析题

某托幼园所的中班在排练"六一"儿童节演出活动的节目，一名幼儿总是跟不上动作。保育师把他一把拉过来，厉声问他："你回家练习了吗？怎么还是这么笨，你别参加了。"后来，该幼儿站在旁边一直哭。

分析：这位保育师的做法对吗？可能对这名幼儿造成什么伤害？

每位学生选择 1～2 所托幼园所，调研发生的伤害类型，做好时间、数量、伤害程度等记录。汇总全班学生的调查记录，分析各种类型伤害发生的比例及产生的原因。

对婴幼儿的虐待与忽视

世界卫生组织 1999 年对"儿童虐待"做出的定义是对儿童有义务抚养、监管及有操纵权的人，做出足以对儿童的健康、生存、生长发育及尊严造成实际的或潜在的伤害行为，包括各种形式的躯体或情感虐待、性虐待、忽视，以及对其进行经济剥削。

1. 身体虐待

身体虐待是指对婴幼儿施以体罚，使婴幼儿身体受伤，甚至使用棍棒等物殴打婴幼儿，或者使用毒物、药品等使其致残或死亡，这是我国最常见的虐待形式。身体的损伤是最好的见证，监护人往往不愿提供婴幼儿受伤的病史。受伤部位常见于身体隐蔽之处，各个外伤的愈合阶段明显不一致（新伤加旧疤），监护人的反映与外伤的严重程度不符，或者婴幼儿受伤后延迟就诊。有时候，体罚虽无外伤，但对婴幼儿是一种十分危险的行为，不仅有身体虐待，还包含情感虐待。

2．情感虐待

情感虐待是指对婴幼儿的自尊造成损害的行为。例如，长期、持续、反复地对婴幼儿以辱骂、贬低、孤立、隔离、恐吓等方式表示拒绝和漠不关心等。由于婴幼儿的情感比较敏感，遭受情感虐待的婴幼儿容易受到较严重的损害。这是一个不易为人们察觉的问题。例如，在我国某些地区，重男轻女的封建思想盛行，一些家长在对待婴幼儿态度、满足婴幼儿各种吃穿要求和愿望方面，男孩不同于女孩，无形中造成了对女孩的情感伤害和虐待；保育师或教师甚至家长常常喜欢乖巧的婴幼儿，对那些调皮的婴幼儿除了采用罚站、面壁等躯体方面的不正确方式，还会通过不予理睬和忽视的方式进行情感虐待，有的教师和家长联合起来"整"婴幼儿。

3．性虐待

性虐待是指强迫或唆使发育未成熟的婴幼儿参与他们不完全理解、无法表示同意的性行为，或者参与违法、违反社会公德的性活动。

4．忽视

忽视是指父母或监护人在具备完全能力的情况下，在婴幼儿的健康、教育、心理发育、营养、庇护和安全生活条件等方面未能提供应有的帮助。忽视具体可以分为以下几种。

1）身体忽视：具备物质条件，但不为婴幼儿正常生长提供必要的衣食、住处和安全的环境。

2）情感忽视：父母或其他监护人故意不提供有利于婴幼儿健康成长所必需的言语和行为活动，最常见的是家长经常不与婴幼儿交流和游戏，缺乏亲子依恋。

3）医疗和教育忽视：对那些有生命危险或其他严重疾病的婴幼儿不提供及时、必要的治疗，剥夺婴幼儿受教育的机会。

任务总结与反思

1）托幼园所常见伤害的类型有哪些？

2）造成托幼园所常见伤害的原因有哪些？

任务二　托幼园所常见伤害的预防

教育督导部门对某托幼园所进行春季安全检查工作。

检查主要内容：园所安全、餐饮、疫情防控、开展的各种活动等工作。检查中发现的问题：疫情防控意识淡薄（出现无疫情防控物资、不测温、不消毒等现象）；厨房工作人员不穿工作服、不戴口罩，环境卫生差；安全防护意识淡漠（如门口无保安、保安器材少）；消防器材过期且无压力；食品无留样或留样不规范等。

教育督导部门应将检查后的意见反馈给园长，园长应高度重视，自查自纠，立行立改，在规定时间内完成整改提升，并将整改报告上交备查。如果托幼园所逾期不整改或整改不力，教育督导部门将采取停办措施，限期整改，待验收。这次检查改进了常规管理工作，真正起到了督促、指导、提升托幼园所管理能力的效果，力争为婴幼儿营造一个安全健康的生活环境。

检查是消除隐患、预防伤害发生的有效途径之一，还有哪些工作可以预防伤害的发生呢？

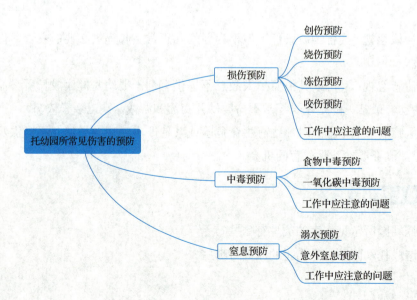

※ **知识目标**

1）掌握托幼园所常见伤害预防工作的内容与要求。

2）明确托幼园所常见伤害预防工作中应注意的问题。

※ **能力目标**

能发现工作中的安全隐患，并做好预防工作。

※ **素质目标**

1）理解珍爱生命应从身边做起。

2）理解防患于未然的重要性，并贯彻到日常工作中。

一、损伤预防

托幼园所常见的损伤有创伤、烧伤、冻伤和咬伤等。开展安全教育、采取安全措施、加强安全管理等有针对性的预防工作，是减少伤害发生的关键。

（一）创伤预防

预防创伤要从控制和减少这些伤害产生的因素着手。只有预防措施有效，才能防止脑震荡、骨折、出血、血肿、脱臼等伤害的发生。

1）婴幼儿居室的窗户、楼梯、阳台、睡床等应设有合适的栏杆，防止发生坠床或跌落伤。大型玩具如滑梯、跷跷板、攀登架等，应符合安全标准，定期检查，及时维修。户外活动场地应平整无损坏、无碎石、无泥沙、无碎玻璃。婴幼儿户外活动时，家长及保育师应做好照护。

2）室内地面宜用防滑地板。家具边缘最好是圆角，以减少碰伤。

3）教育婴幼儿不带和不玩耍锐利的器具（小刀、针头等），不随便碰触带刺的植物，不攀爬墙、树、窗台等。

4）组织婴幼儿活动要有秩序。例如，上下楼梯时，靠右行，不推挤；如厕、喝水、游戏等要排队，避免拥挤碰撞。

（二）烧伤预防

托幼园所的烧伤主要是由婴幼儿接触热的液体、紫外线、电等引起的，因此，预

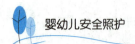

防工作就是要排除这些隐患，同时要对人员（家长、保教人员、婴幼儿）进行教育，提高其防范意识和能力。

1）婴幼儿要远离厨房，避免开水、热油、热汤、热粥、热饭等烫伤。热水瓶、热锅、消毒柜应放在婴幼儿不能触及的地方。给婴幼儿洗脸、洗脚及洗澡时，要先倒冷水后加热水。指导家长正确使用热水袋。暖气片应加装保护罩。经常检查天然气、煤气的阀门，确保安全使用。禁止将易燃易爆物品带入托幼园所。

2）托幼园所严格执行紫外线消毒灯管理使用制度，由专人负责。避免婴幼儿私自开灯，造成对婴幼儿皮肤及组织的损伤。户外活动时，选择紫外线强度合适的地点，如果紫外线过强，要选择阴凉的地方，避免伤害婴幼儿的皮肤。

3）室内电器、电源应有防止触电的安全装置。熨斗、电吹风机等电器设备用完后立刻放回安全的地方。临时用电的电线及设备要及时收起，放到安全的地方。托幼园所应加强管理，定期检查，防止漏电；教给婴幼儿安全用电的知识；教育婴幼儿不玩火，不玩电器，不能接近和触摸带电物体，不要用湿手触摸电器开关、插座等。雷雨时，勿在大树下、电线杆旁或高层的挑檐下避雨。

（三）冻伤预防

冻伤是长时间暴露于寒冷潮湿的环境中，或接触低温的物体导致的。婴幼儿在户外活动时应及时添加衣物，戴手套、围巾、帽子等，做好防护；不要徒手接触低温的户外物体，特别是金属的把手等；避免长时间暴露于寒冷潮湿的环境中；适当增加体育锻炼，提高机体抵抗力。

（四）咬伤预防

咬伤是由于无意或有意接触动物受到的伤害。避免接触是较好的预防方式。

1）不逗玩猫、狗、宠物鼠等可能伤人的动物。现在养各种宠物的家庭有很多，婴幼儿缺乏危险意识，好奇、易冲动，极易拉、拽动物的皮毛、耳朵、尾巴，抢它们的食物或误入它们的领地而被咬伤。尤其遇到陌生的家养宠物，极易因疏忽大意或盲目自信认为它不会咬人而被咬伤。为预防伤害，避免接触是较好的预防方式。

2）预防蜂蜇伤。户外活动前少吃有刺激性气味的食物，做好防护，穿浅色光滑的长款衣裤，戴帽子。游玩时尽可能远离草丛和灌木丛，避免在有蜂巢的树下休息、嬉戏玩耍，发现蜂巢应绕行。蜂有自卫的本能，在其飞行时不要拍打或驱赶它们，以防激怒它们而被蜇。发现蜂从身边飞过，应站立不动，保持镇静，观察现场环境，等待其自行飞走。

3）预防蛇咬伤。托幼园所在蛇活动的季节要做好检查防范，一旦发现应及时清除。

教育婴幼儿不要尝试抓蛇或逗蛇，防止蛇被激怒而伤人。看见蛇要注意绕行。组织户外活动时要提前检查场地，尤其是草地、假山等处。不穿凉鞋和短裤。

4）做好环境卫生，防蚊灭虫。托幼园所要清理垃圾、污水，防止蚊虫滋生；装好纱窗、门帘。适当喷洒花露水等来驱蚊，或者种植有驱蚊作用的植物。

5）教育指导婴幼儿用合适的方式表达自己的需求和情绪，避免抓咬其他婴幼儿。

（五）工作中应注意的问题

1）对婴幼儿进行安全知识和技能的教育，包括自救知识和求救方法。

2）预防伤害、确保安全，要做到制度健全、责任明确、执行严格、措施有效、教育到位、工作落实。消除托幼园所硬件方面的安全隐患，执行有关安全管理的法律法规及制度。

3）全面提高托幼园所工作人员的安全素养。

结合所学知识列出托幼园所安全检查的项目，并通过查找资料了解各项检查的标准。可以用文字叙述，也可以列出表格。

二、中毒预防

托幼园所中常见的中毒主要有食物中毒和一氧化碳中毒两种。

（一）食物中毒预防

食物中毒主要是食物中含有有毒物质和误服有毒物质引起的。在发生食物中毒时，托幼园所中会出现多名婴幼儿同时出现相似症状，且多以急性胃肠道症状为主；会呈暴发性发病，在短时间内同时出现一批患病婴幼儿。预防工作应从人员、食材和制度方面开展。

1. 严把人员关

托幼园所食堂的工作人员首先应进行体检，只有获得饮食加工人员应具备的健康证明，才具备上岗资格；然后进行婴幼儿饮食制作、规章制度等相关的专业培训，考核合格方可上岗。在日常工作中，托幼园所应加强对人员的管理，及时发现他们的健康问题。一旦发现人员患有不适宜的疾病（如甲型肝炎、痢疾等），应及时停止工作；对人员定期进行安全操作培训，提高其安全意识和安全保障能力，不合格人员禁止上岗。

2. 严把食材关

1）在采购食材时，坚决杜绝购买"三无"产品，选择信誉高、质量好的生产厂家，选择新鲜的、在保持期内的食品。禁止采购和使用以下食品：对婴幼儿健康有害的食品，如含有糖精、香精、色素的食品；卫生检疫不合格的肉类及其制品，如小摊贩私自售卖的肉类及其制品；野生菌；腐烂变质、霉变、生虫、混有异物或感官性状异常的食品；市场上销售剩余的蔬菜等不新鲜的食材；被有毒有害物质污染的食品，如甲醛浸泡过的海鲜、硫黄熏蒸过的银耳等；超过保质期、包装损坏、包装不合格的食品。做到按需采购，避免食材过期，造成浪费。选择符合饮用水卫生标准的水源为婴幼儿制作饮食。饮水宜选用白开水，不宜选用饮料。

保育师解读

产品包装标识要求

"三无"产品一般是指无生产日期、无质量合格证、无生产厂家，来路不明的产品。我们在采购时一定要仔细查看产品的包装，避免买到不合格的产品。

《中华人民共和国产品质量法》（2018年第三次修正）第二十七条规定，产品或者其包装上的标识必须真实，并符合下列要求。

1）有产品质量检验合格证明。

2）有中文标明的产品名称、生产厂厂名和厂址。

3）根据产品的特点和使用要求，需要标明产品规格、等级、所含主要成分的名称和含量的，用中文相应予以标明；需要事先让消费者知晓的，应当在外包装上标明，或者预先向消费者提供有关资料。

4）限期使用的产品，应当在显著位置清晰地标明生产日期和安全使用期或者失效日期。

5）使用不当，容易造成产品本身损坏或者可能危及人身、财产安全的产品，应当有警示标志或者中文警示说明。

裸装的食品和其他根据产品的特点难以附加标识的裸装产品，可以不附加产品标识。

2）在贮存食材时，严格按照不同食材的贮存规范要求，分类、分架、隔墙、离地存放。食品贮存场所禁止存放有毒、有害物质和个人生活物品；食品的冷藏设备需定期检查，确保正常运转；冷藏食品贴好标签；食品必须做到生熟分开，成品、半成品分开；防止污染，定期检查，及时处理变质或超过保质期的食品。

3）在加工食材时，严格按照操作规范加工食品。食品必须加工熟透，避免残留有毒有害物质，如四季豆、豆浆等一定要煮熟煮透。熟制品与食品材料或半成品分开存放。所用工具、容器必须分类专用，定位存放，保持清洁，对不同用途的相同工具、容器要做好标记，做到专用。避免采用油炸、烘烤、烟熏等容易产生有害物质的烹饪方式，宜采用蒸、煮、炖、炒的方式。要把食材去壳、去刺、去骨，切碎磨细，在不破坏营养素的前提下，做到碎、细、软、烂，避免产生鱼刺卡在咽部的危险。

保育师支招

河豚（又名河鲀），在我国主要产于沿海及长江中下游地区，在淡水和海水中均有分布。河豚的主要特征是：体形浑圆（或椭圆形），头胸部大，腹尾部小，吻短口小，体表无鳞，光滑或有刺，背部有鲜艳的斑纹或色彩，在不利环境下，它会将水和空气吸入腹部而膨胀呈球形。

河豚中毒起病急速而剧烈，中毒症状一般出现在进食河豚10分钟到3个小时之间，早期症状为手指、口唇、舌尖麻木，有刺痛感，随后出现恶心、呕吐、腹泻等症状，继而口唇麻痹加剧，说话困难，运动失调加重，肢端瘫痪，直到知觉丧失，最后因呼吸衰竭而死亡。目前，河豚中毒尚无特效解毒药，误食河豚后出现恶心等上述不适症状的，千万不能轻视，应及时用手指、筷子刺激咽后壁诱导催吐，清除胃内残留河豚肉，并尽快到医院诊治。

1）要认识到河豚有毒，并能识别其形状，以防误食而中毒。

2）适合婴幼儿食用的鱼有黄花鱼、鲳鱼、鳕鱼、龙利鱼、银鱼、鲈鱼等，不购买不认识的鱼类和难以分辨的杂鱼，以免误食河豚等毒鱼。

3）不要抱着侥幸心理，为了贪一时的口味享受而去吃河豚，尤其是不能使用托幼园所的厨房加工，避免处理不当造成中毒。

3. 严格执行卫生管理制度

托幼园所的管理人员必须严格执行相关的卫生管理制度，落实岗位责任。除了每日的例行检查，还要定期对食堂各项工作进行全面的检查，及时发现并排除隐患，严防食物中毒事故发生。在每日的检查中，若发现工作人员有咳嗽、发热、腹泻、呕吐等症状，必须立即让其离开工作岗位，接受检查并治疗。若发现有食物品质低劣、加

工过程不规范等问题，应立即停止食物制作，评估危害，彻底清除有毒有害物质后，重新制作，并对相关人员追究责任。

（二）一氧化碳中毒预防

一氧化碳中毒多数发生在用煤球和煤饼取暖的地方，或煤气、天然气使用不当泄漏，主要原因是冬季使用煤炉，室内未装通风设施，或使用时间较长，烟筒被灰渣堵塞等。预防措施如下。

1）在室内使用煤气时一定要使用合格的燃气炉，并开窗通风，使用期间要开启抽油烟机和排风扇。

2）后厨做饭的时候一定要有人看火，防止水或汤外溢之后导致煤气炉熄灭，引起燃气泄漏；还可以安装煤气报警器来及时发现煤气泄漏，预防一氧化碳中毒。

3）冬季使用燃气取暖的托幼园所一定要注意烟道的问题，定期检查烟道是否通畅，加装排烟管道，必须保证烟筒不能在室内留有隐患，保持其通畅。

4）提醒家长在日常生活中不要在车里开空调睡觉，因为汽车排放的尾气里含有一氧化碳，当开着空调在密闭的环境下睡着时，部分尾气会进入车内，保育师要提醒家长重视。

5）帮助婴幼儿树立安全意识，教育他们不要自行拧开燃气灶开关，有不舒服的症状时要及时告诉家长或教师。

（三）工作中应注意的问题

1）对托幼园所的管理人员及食堂工作人员进行培训，使其掌握《食品安全法》等法律法规，做到依法依规管理。

2）各项操作要规范，做到高标准严要求。

3）各相关工作人员要尽职尽责，做到定人定岗定责。

4）每天进行管理和检查工作，常抓不懈。

从保育师的角度，提出防范一氧化碳中毒的措施。

三、窒息预防

婴幼儿常见的窒息主要分为溺水和意外窒息两种情况。

（一）溺水预防

1. 托幼园所的选址

托幼园所不能建在河边、粪池、池塘或水库附近，以免婴幼儿偷偷溜出去玩耍不慎掉落，失足淹溺。

2. 园所安全管理

园所内部应降低泳池、水池、池塘的深度，以免婴幼儿玩耍时发生淹溺。定期清理水池、池塘内的污泥、青苔，以免婴幼儿玩耍时滑倒、呛水。

3. 加强安全教育

邀请消防员来园所讲解，请家长到园所学习婴幼儿溺水的预防与急救知识。一方面提醒家长，婴幼儿游泳、到河边及池塘玩耍时，要有家长看护；另一方面教育婴幼儿不能自己去河边或池塘边玩耍。教会家长有效的自救知识。例如，当发生溺水时，不熟悉水性时除呼救外，取仰卧位，头部向后，使鼻部露出水面呼吸，呼气要浅，吸气要深；救人时先明确自己是否了解水情并熟练掌握游泳技能，能否成功救起他人。

（二）意外窒息预防

意外窒息是指呼吸道内部或外部障碍引起的血液缺氧状态，不包括新生儿出生时因缺血缺氧而窒息。导致儿童窒息的外部原因包括在床上意外窒息，可能由被子、枕头和家长的身体等引起；其他意外悬吊或由塌方、坠落土块和其他物质引起的对呼吸的威胁；胃内容物反流进入气道；吸入食物或咽下食物不当引起的呼吸道梗阻。预防措施如下。

1）婴幼儿睡觉时单人单被，床上无异物。检查婴幼儿的床，拿掉毛绒玩具和其他过于松软的物体，消除婴幼儿睡眠时引起窒息的隐患，多看护婴幼儿，防止被子蒙头等情况的发生。

2）在活动区及婴幼儿能够触及的地方不放小零件、小物品。

3）为婴幼儿创造安静、舒适的用餐环境，一定要有专人监护，用餐时不责骂、不强行塞食；进食和喂水时不引发婴幼儿嬉笑或哭泣。

4）避免给婴幼儿吃圆形坚硬的小颗粒食物，如硬糖、坚果、花生粒、葡萄粒和爆米花等。

5）给婴幼儿喂药时，不要强行捏着鼻子灌药，可把药片溶于水后再喂，尽量选择泡腾片、滴剂等婴幼儿专用药物。

6）玩教具使用前务必细心检查是否完整、安全，是否有部件或碎片脱落。

 保育师支招

1．午睡前的险情预测

1）午餐与上床前的组织与配合。婴幼儿在吃饭、如厕、散步、拿拖鞋、脱衣服时分散在不同的地方，容易脱离保育师的视线，出现安全隐患。

2）午睡前没有对婴幼儿进行常规性的检查（物品、身体状况方面）。

3）上午班和下午班的保育师交接不清，没有按时、按要求填写交接记录本，使午睡值班的保育师不能有针对性地进行照护。

4）刚刚进入寝室时，有的婴幼儿无法马上安静下来，会在床上蹦跳，或在床之间打闹等，这些都易造成摔伤、碰撞等事故。

2．午睡中的险情预测

1）午睡时值班人员擅离工作岗位，会发生很多不可预知的危险。例如，婴幼儿会因打闹而发生伤害；突发急症会延误救治时间；不法分子会乘虚而入等。

2）午睡时监管不当，没有进行定期的巡视。婴幼儿不正确的睡姿会带来潜在危险，有的婴幼儿睡觉时会把头埋在被子里造成窒息；有的婴幼儿将小玩具等危险品带到床上，误入口鼻，引发危险；有的婴幼儿将皮筋、线头紧紧缠绕在手指上，造成手指关节部分坏死等。

3）睡高、低床的隐患。婴幼儿年龄小、好动，睡在上铺的婴幼儿会因翻身、淘气而从床上摔下来。婴幼儿在上床、下床时如果不小心也会发生摔伤事故。

4）午睡时点蚊香驱蚊。在寝室内点蚊香驱蚊如果没有采取相应的安全措施，容易烫伤婴幼儿；也可能出现婴幼儿拿着玩而造成火灾等重大事故。

3．起床时的险情预测

起床时场面混乱，容易出现安全事故。有的婴幼儿起床时还没有完全醒过来，精神不集中易摔倒；有的婴幼儿在床间跑动、追逐容易引起磕碰；婴幼儿起床穿衣服的速度不同，分别分散在睡眠室、活动室、盥洗室、卫生间，容易发生摔倒磕伤的事件。

（三）工作中应注意的问题

1）进餐前细心检查，保证婴幼儿触手可及的范围内没有小颗粒物，如玩具部件等。

2）提醒家长做好安全防护。一是给婴幼儿穿拉链衫；如果穿纽扣衫，则要经常检

查纽扣是否松动脱落。二是去掉婴幼儿衣服上的装饰物，如装饰小零件、装饰带等。三是提醒家长不要在婴幼儿的床上挂玩具；如果要挂，绳子不宜过长。

3）不要让婴幼儿在开动的车上进食。

4）吃果冻、汤圆等时，尽量用勺，不要吸食。

列出保育师预防婴幼儿意外窒息应进行的安全检查项目。

简答题

1. 托幼园所常见伤害预防工作的内容有哪些？
2. 预防窒息工作要注意哪些问题？

设计一份托幼园所安全检查记录表，要求有检查项目、检查时间、负责人等项目。

常见细菌性食物中毒

常见细菌性食物中毒的具体内容如表 3-5 所示。

表 3-5　常见细菌性食物中毒的具体内容

中毒名称	病原体	临床表现	中毒食物
沙门菌食物中毒	沙门菌	潜伏期一般为 12～36 小时。短者 6 小时，长者 48～72 小时。中毒初期表现为头痛、恶心、食欲不振，以后出现呕吐、腹泻、腹痛、发热等症状，重者可引起痉挛、脱水、休克等。腹泻一日数次至十余次，或数十次，主要为水样便，少数带有黏液或血	动物性食品多见
葡萄球菌食物中毒	葡萄球菌	起病急，潜伏期短，一般在 2～3 小时，多在 4 小时内，最短 1 小时，最长不超过 10 小时。中毒表现为典型的胃肠道症状，表现为恶心、剧烈而频繁的呕吐（严重者可呈喷射状，呕吐物中常有胆汁、黏液和血）、腹痛、腹泻（水样便）等。年龄越小对葡萄球菌肠毒素的敏感性越强，因此，儿童发病较多，病情较成人严重。病程较短，一般在 1～2 天痊愈，很少死亡	乳及乳制品、蛋及蛋制品、各类熟肉制品

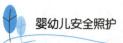

续表

中毒名称	病原体	临床表现	中毒食物
肉毒梭菌毒素食物中毒	肉毒梭菌	潜伏期数小时至数天不等，一般为12～48小时，最短者6小时，长者则可达8～10天。中毒主要表现为运动神经麻痹症状，如头晕、无力、视力模糊、眼睑下垂、复视、咀嚼无力、步态不稳、张口和伸舌头困难、咽喉有阻塞感、饮食发呛、吞咽困难、呼吸困难、头颈无力、垂头等。患者症状的轻重程度可有所不同，病死率较高	主要是家庭自制豆类制品，其次为肉类和罐头食品
副溶血性弧菌食物中毒	副溶血性弧菌	潜伏期一般为6～10小时，最短者1小时，长者24～48小时。发病急，主要症状为恶心、呕吐、腹泻、腹痛、发热，尚有头痛、多汗、口渴等症状。呕吐、腹泻严重，腹泻多为水样便，重者为黏液便和黏血便，失水过多者可引起虚脱并伴有血压下降。大部分病人发病后2～3天恢复正常，少数重症病人可休克昏迷而死亡	海产品
变形杆菌食物中毒	普通变形杆菌、莫根变形杆菌	毒素型、过敏型潜伏期为10～12小时，表现为急性胃肠炎症状、水样便有黏液、恶臭，体温一般在39℃以下	动物性食品
志贺菌属食物中毒	宋内志贺菌及其肠毒素	感染型、毒素型或混合型，潜伏期为6～24小时，剧烈腹痛、腹泻，水样、血样或黏液便，体温约为40℃，里急后重	肉、奶及其制品
空肠弯曲菌食物中毒	空肠弯曲菌及其霍乱样肠毒素	感染型、毒素型或混合型，潜伏期为3～5天，急性胃肠炎症状，体温在38～40℃	动物性食品、奶制品

 任务总结与反思

1）常见的婴幼儿伤害有哪些？

2）托幼园所常见伤害预防工作包括哪些内容？有哪些具体要求？

项目四 托幼园所常见伤害的救护

项目简介

托幼园所常见伤害的现场救护与处理就是在预料之外的情况下，对因某种因素而发生的损伤或灾害进行的救护与处理。婴幼儿一旦受到伤害，轻者伤及肌肤，影响健康；重者造成残疾、危及生命，给家庭、社会和婴幼儿造成精神上、肉体上、物质上的损失和痛苦。作为保育师，应懂得如何对受到伤害的婴幼儿进行急救和护理，正确处理常见的伤害，最大限度地保护婴幼儿的生命健康和安全。

任务一 常用的护理技术

任务导入

某托幼园所一幼儿于午后突然躺在地上，口吐白沫，不省人事。后经医生诊断，该幼儿为高烧引起了抽风，在医生抢救下方脱离了危险。

对于婴幼儿来说，生病后的护理显得尤为重要，掌握精心的护理技术对于减少各种疾病对婴幼儿健康的危害、保证婴幼儿的病后康复有着极为重要的意义。在托幼园所中，面对常见的伤害事故，保育师需要掌握哪些护理技术呢？

任务导图

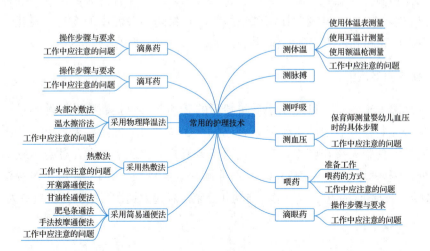

※ 知识目标

1）知道托幼园所常用护理技术的内容与要求。

2）明确托幼园所常见护理工作中应注意的问题。

※ 能力目标

1）能熟练掌握托幼园所常用的护理技术。

2）能熟练应对托幼园所常见伤害的护理工作。

※ 素质目标

1）善于观察婴幼儿常见疾病的症状。

2）严格遵守合规操作各项检查仪器的职业守则。

一、测体温

发热是在婴幼儿中十分常见的一种症状，许多疾病在一开始时就表现为发热。在日常生活中，我们时常看到有些家长用手摸婴幼儿的头和手心，感到皮肤发烫就认为婴幼儿发热了。一些家长马上就给婴幼儿用退热药，甚至一次应用两种退热药。其实，这种认识和做法并不完全正确。

（一）使用体温表测量

体温表由玻璃制成，内有水银柱，接触人体后水银遇热上升，水银线所至刻度便能反映人体体温。体温表有腋表、口表和肛表三种。人体各部分温度并不一样，身体表面散热较多、较快，温度要比深部组织低，且易随环境温度的变化而变化，因此分别用腋表、口表和肛表所测到的体温会略有差异，一般依次递增 0.5℃。

1. 腋下测温法

腋下测温安全卫生，可运用于各年龄段的婴幼儿，包括新生儿。测前保育师应检查腋表是否完整，腋表上的水银线是否已甩至 35℃ 以下；然后解开婴幼儿的上衣，轻轻擦干腋窝，使腋表夹在腋下，婴幼儿屈臂夹紧并将手放于胸前，注意水银端不能伸出腋窝外；5 分钟后取表，读数记录。正常腋下体温为 36 ～ 37℃。腋下测温法是测试婴幼儿体温的较适宜的方法，如果让婴幼儿卧床，蜷起大腿在腹股沟处测量更为方便。

2. 口腔测温法

测前保育师应检查口表水银线是否已甩至 35℃ 以下；然后将口表放于婴幼儿的舌下，使其闭口，用门牙轻轻将口表固定在舌下，测温时间为 3 分钟左右。为防止婴幼儿咬碎口表，口腔测温法一般不用于学前婴幼儿。

3. 直肠测温法

直肠测温法常用于新生儿。测前保育师应检查肛表水银线是否甩至 35℃ 以下，并检查肛表有无破损；用液体石蜡或橄榄油涂肛表头部使之润滑；婴幼儿取侧卧位或仰卧位；保育师一手握其双踝并提起双腿，另一手将肛表慢慢插入其肛门，深度为 2.5 ~ 3 厘米，测温时应避免婴幼儿活动；3 分钟后取出肛表，读数记录。直肠测温法要求保育师手法轻柔，防止损伤婴幼儿的肛门或直肠。肛门体温的正常范围为 36.8 ~ 37.8℃。在婴幼儿运动或大哭之后，其肛门体温可以升至 38.2℃。正常婴幼儿可能因穿衣过多、室温过高、天气过热等导致体温升高。

（二）使用耳温计测量

耳温计测温相较于水银体温计，其偏差较小。操作方法主要是将耳温计探头探入婴幼儿的耳朵内部获取婴幼儿的体温，有时可能会遇到婴幼儿不配合的情况。6 个月以下婴幼儿不建议使用耳温计来测量体温。因为耳温计测温是通过测量耳膜的温度来判断体温的一种测量方法，而 6 个月以下婴幼儿的耳膜尚在发育中，需要被格外保护；再者，婴幼儿的耳道一般比较狭窄不易测量。另外，6 个月以下婴幼儿的耳朵里分泌物比较多，会导致测量的结果大打折扣。

（三）使用额温枪测量

可以说额温枪测量是操作最简单方便的方法，对测温要求配合度最低，价格适中。额温枪测量只需要对着婴幼儿的额头按键读取体温数即可，但易受外界影响，会存在上下 0.3℃ 的误差。

保育师支招

在婴幼儿哭闹时，保育师不要强制为其测量体温，等婴幼儿安静下来再测。为了减少误差，在婴幼儿刚吃完奶或饭后也不宜测量体温，宜饭后 30 分钟再测。冬天户外寒气可使高热婴幼儿的体温暂时下降，宜进入室内 10 分钟后再测。

（四）工作中应注意的问题

1. 选择体温计

为婴幼儿测量体温时需要特别注意体温计的选择。由于婴幼儿身体的特殊性，保育师一定要选择婴幼儿专用的体温计。通常体温计含有一定的水银成分，所以为了婴幼儿的健康，建议选择专为婴幼儿设计的电子体温计。

2. 注意测量时间

为不影响婴幼儿测量体温的准确性，保育师应特别注意给婴幼儿测量体温的时间，一般婴幼儿在饭后或运动后至少 30 分钟才能测量体温。给婴幼儿测量体温的时间有误会影响到对结果的分析。

3. 注意安全

因为婴幼儿年龄还小，所以保育师在给婴幼儿测量体温的时候一定要注意方式和方法，切记不宜强行为婴幼儿测量体温。强行为婴幼儿测量体温一方面影响测量的结果，另一方面存在安全隐患。在给婴幼儿测量体温时，安全问题也很重要。

4. 多测几次

如果对婴幼儿体温测量的数据存在疑虑，建议多测几次，因为影响婴幼儿体温的因素很多，数据差别不大时可取最高值。

5. 保持婴幼儿的正常体温的方法

1）调节好室内温度。婴幼儿在室内活动较多，所以为保证婴幼儿的正常体温，保育师须调节好室内温度。冬天天气寒冷，室内温度不要低于 20℃。夏天则需要降低室内温度，为避免空调、风扇等直吹婴幼儿，可采用洒水或冷水吸热的物理方法降温。无论是冬天还是夏天，室内空气流通都很重要，要常常通风换气，保持室内空气清新。

2）根据室内温度变化增减衣物。婴幼儿不宜被包裹太紧，否则会影响活动。保育师需要观察室内温度情况，适当给婴幼儿增减衣服。保育师在婴幼儿吃饭、大哭大闹或运动量大时，须酌情减少其衣被，避免婴幼儿出汗后受凉。

3）保温的同时防止烫伤。冬天室内可用空调等取暖设备增加温度，但要注意开窗换气。暖气管、暖炉等保暖设备要远离婴幼儿，防止发生危险。在采用热水袋保温时，热水袋不可直接接触婴幼儿的皮肤，以防烫伤，热水袋温度控制在 60℃ 以下。

4）注意观察婴幼儿的冷暖反应。若婴幼儿的体温小于35℃，或是身体冰冷、脸色发青，保育师要及时为婴幼儿增加衣服以保暖；若婴幼儿哭闹不止，试图挣脱被子，甚至出现细汗，则应减少其衣被。

给婴幼儿测量体温的合适情境是婴幼儿（　　　）。

A．哭闹时　　　　B．饭后　　　　C．运动后　　　　D．安静后

二、测脉搏

脉搏是左心室收缩、血液经动脉流动时所产生的波动。测脉搏常选用较表浅的动脉，手腕部靠拇指侧的桡动脉是最常采用的部位。

因脉搏易受体力活动及情绪变化的影响，为减少误差，保育师需在婴幼儿安静时进行测量。连测三个10秒的脉搏数，其中两次相同并与另一次相差不超过一次脉跳时，可认为婴幼儿已处于安静状态（例如，第一个10秒测得为16次，第二个10秒为15次，第三个10秒仍为15次），然后测1分钟的脉搏数。

在一般情况下，脉搏的次数、强弱与心搏次数和心肌收缩力一致，故脉率即代表心率。检查或比较脉搏的强弱、快慢，应趁婴幼儿熟睡时进行，因为醒后脉搏常比熟睡时每分钟快10～40次，所以婴幼儿哭闹或刚活动后测试，会影响脉搏测量结果。测量脉搏时，保育师可用食指和中指指尖轻轻按于桡动脉、颞浅动脉或股动脉处，注意脉搏频率及强弱；看好秒表，测1分钟并记录（图4-1）。

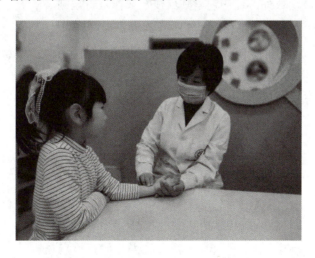

图 4-1　测脉搏

保育师支招

正常婴幼儿每分钟脉搏次数:新生儿为 120～140 次,1～5 岁为 90～120 次,6～9 岁为 80～100 次。如婴儿体弱,脉搏无法测得,可以听诊测出心率。

练一练

给婴幼儿测脉搏应该在婴幼儿(　　　)。

A．安静时　　　　　B．哭闹后　　　C．运动后　　　D．吃饭时

三、测呼吸

婴幼儿年龄不同,呼吸的次数也不同。一般年龄越小,呼吸越快。若婴幼儿运动或情绪激动,可使呼吸暂时加快,休息或睡眠时呼吸恢复正常。

保育师测量婴幼儿呼吸时应注意以下几点。

1)观察婴幼儿的胸部或腹部起伏的次数。一呼一吸为 1 次,其呼吸次数以 1 分钟为计算单位。

2)除计算呼吸次数外,还应观察其深浅及节律是否规则。

① 一般每呼吸 1 次,心跳和脉搏 3～4 次为正常情况。

② 若呼吸浅、不易计数时,可用棉絮贴于婴幼儿的鼻孔处,以棉絮的摆动来统计呼吸次数。

③ 若出现呼吸异常增快或减慢,以及不规则呼吸,如时快时慢、急促呼吸的过程中伴有叹息样表现、连续吸两次才呼 1 次的现象等,均为异常表现,必须引起保育师的重视。

练一练

婴幼儿每呼吸 1 次,心跳和脉搏(　　　)为正常情况。

A．1～2 次　　　　　　　　　　B．2～3 次

C．3～4 次　　　　　　　　　　D．4～5 次

四、测血压

人类的正常活动是依靠血压来支撑的，简单地说，血压影响着我们全身的每个部位，因此，我们需要通过测量血压来了解近期的血压值（图4-2）。

图4-2　测血压

（一）保育师测量婴幼儿血压时的具体步骤

1）测血压前，保育师应先检查血压表有无损坏，水银柱平面应在"0"位。

2）待婴幼儿休息片刻后露出一侧上臂，将衣袖卷至肩部（如衣袖太紧时应将衣服脱下），伸直肘部，手心向上。

3）将血压表平放在桌子或床上，与婴幼儿的心脏位置处于同一水平。

4）排尽袖袋内的气体，袖袋绕在肘上3厘米处，戴上听诊器。在肘部摸到肱动脉搏动后，将听诊器放置于搏动处。

5）关闭气门，握住皮球向袖袋内打气至动脉搏动音消失，再往上打10～20毫米汞柱，然后慢慢松动气门放气，使水银柱缓缓下降。当听到第一声搏动时，水银柱所指的刻度即为收缩压。继续放气，搏动声增强，当搏动声突然变弱时，水银柱所指的刻度为舒张压。

6）一次测量不理想时，可将水银柱降至"0"位，重新测量。

7）血压检测完毕，将袖袋内气体排出，卷好袖袋并平整地放入血压计中。然后使玻璃管中的汞柱完全进入水银槽，关闭汞柱开关和血压计。

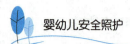

（二）工作中应注意的问题

1）为了保持血压测量的准确性，血压计需要进行定期检测和校对。

2）需要密切观察测量血压的婴幼儿，需要定时间、定部位、定体位测量血压。

3）测量血压前 30 分钟内不要让婴幼儿剧烈运动、剧烈哭闹，袖袋缠绕不能过紧。

4）根据年龄选择适合婴幼儿的不同宽度的气袋，气袋的宽度不能大于上臂长度的 2/3，也不能小于上臂长度的 1/2。

5）气袋充气应避免过快或过猛，防止水银外溢；放气应避免过快或过慢，避免读值误差。

6）出现血压听不清或血压异常时应重测。重测时待水银柱降至"0"位后再测量。

7）测量血压的肢体必须是健侧肢体，避免选择患侧肢体。

 保育师支招

动脉血压常以上肢肱动脉测得的血压为代表，婴幼儿心搏出量较小，血管口径相对较粗，管壁软，故血压较低，其后随年龄增长而逐渐升高。为便于推算，可采用公式"收缩压＝（年龄×2）+80 毫米汞柱"（mmHg，1mmHg=0.133kPa），利用此公式得出的数值的 2/3 为舒张压。收缩压如高于此标准 20 毫米汞柱则为高血压，低于此标准 20 毫米汞柱则为低血压。一般收缩压低于 75～80 毫米汞柱则为低血压。正常情况下，下肢血压较上肢血压高约 20 毫米汞柱。

 练一练

给婴幼儿测量血压时应（　　　）。

A．手心向上　　　　　　　　B．手心向下

C．手心攥紧　　　　　　　　D．手指张开

五、喂药

（一）准备工作

1）给婴幼儿喂药时，保育师应先帮其戴好围嘴，并在身边准备一些绵纸，以防药物溢出。

2）如果婴幼儿还不会坐起，保育师就采用喂奶时的抱姿；如果能坐起，就让婴幼儿坐在保育师的大腿上，把婴幼儿的一只手臂放在保育师的背后，婴幼儿的另一只手臂由保育师搂住，以免扭动。也可以请其他人抱住或扶住婴幼儿。

（二）喂药的方式

1. 药勺喂药

保育师量好药物的剂量并将 1/2 倒入另一个药勺中。这样做的目的是喂药时不容易溢出。如果药物是粉末状的，可以用温水冲调。保育师用臂弯将婴幼儿上身托起，轻轻按压其下颏，另一位保育师抱住或扶住婴幼儿，将药勺放在婴幼儿的左侧或右侧嘴角，抬高药勺的尾部使药物流入婴幼儿的口中。

2. 药物滴管

保育师把量好剂量的药物放入药勺中，然后吸取一部分药液到滴管内，最后把滴管放入婴幼儿的口腔里并把药物挤进婴幼儿的嘴里。这样逐次滴药，直到把全部药液滴完为止（如果婴幼儿已长有牙齿，用药勺喂药）。

3. 药物量管

保育师把量好的药物剂量倒进量管内，接着抱住婴幼儿，把量管的斜口放在婴幼儿的下唇，量管稍微倾斜，药物即可流入婴幼儿的口中，但不可倾斜过多，以免药物流得太快。

（三）工作中应注意的问题

1）把所有的药物放在婴幼儿拿不到的地方，以免婴幼儿误服。可以将药物锁在橱柜里。
2）喂药后，不喂婴幼儿任何东西，器具要消毒备用。

1 岁左右的婴幼儿似懂非懂，常会又哭又闹拒绝吃药，有时需要灌药。灌药的办法：将药片压成粉末放在小勺里，加点糖、水，调成半流状。固定婴幼儿的头部，使其歪向一侧，左手捏住婴幼儿的下巴，右手将勺尖紧贴婴幼儿的嘴角将药灌入。对 2～3 岁以后的婴幼儿，保育师就要鼓励其自己吃药。

 练一练

给婴幼儿喂药后，应（　　）。

A．喂一些止吐药　　　　　　　　　B．不喂任何东西

C．喂些糖水　　　　　　　　　　　D．喂水果

六、滴眼药

（一）操作步骤与要求

1）准备工作。首先，核对药名，千万不可滴错药。然后，操作者把手洗干净。

2）婴幼儿眼部如有分泌物的，先用干净毛巾擦净。

3）滴药时用左手食指、拇指轻轻分开婴幼儿的上下眼皮，让婴幼儿的头向后仰、向上看；右手拿滴药瓶，将药液滴在婴幼儿的下眼皮内（不要滴在角膜上），每次滴1～2滴。

4）让婴幼儿轻轻闭上眼睛。用拇指、食指轻提婴幼儿上眼皮，嘱咐婴幼儿转动眼球，使药液均匀地布满眼内。

5）眼药膏宜在睡前涂用。让婴幼儿向上看，分开他的眼皮，将软膏挤在其下眼皮内。让其闭上眼睛，给他轻轻按摩，使软膏分布均匀。

（二）工作中应注意的问题

1）检查滴眼药是否有沉淀，是否在保质期内。

2）拧开瓶盖，瓶盖口朝上方放，不要朝下方放。

 练一练

给婴幼儿滴眼药的方法是（　　）。

A．每次滴1～2滴　　　　　　　　　B．每次滴2～3滴

C．每次滴3～4滴　　　　　　　　　D．每次滴4～5滴

七、滴鼻药

（一）操作步骤与要求

1）让婴幼儿平卧，肩下垫上枕头，使其头后仰，鼻孔向上；或坐在椅子上，背靠椅背，头尽量后仰。这样可避免药液通过鼻咽部流到口腔，或仅滴到鼻孔外口。

2）在距鼻孔 2～3 厘米处将药液滴入鼻孔，每侧 2～3 滴，轻轻按压鼻翼（外鼻两侧突出的部分），使药液均匀接触鼻腔黏膜，并进入鼻道，以发挥疗效。

3）滴药后，保持原姿势 3～5 分钟。

（二）工作中应注意的问题

1）婴幼儿坐在座位上时，为了使药水不流到婴幼儿的喉咙里，可以让其身体靠定于椅背，头往后仰，鼻孔朝上。

2）采取仰卧位时，可把枕头垫在婴幼儿的肩背下，以使其头部往后仰，鼻孔向上。对于拒不合作的婴幼儿，保育师可趁其熟睡后再进行滴药。

1. 儿童鼻炎症状

成人鼻炎具有典型的鼻痒、流涕、打喷嚏等症状和体征，易于诊断。儿童鼻炎的症状和体征有很大差异，多不典型。常见的儿童鼻炎的症状包括鼻痒（经常揉鼻子）、交替性鼻塞（经口呼吸造成咽干、咽痛）、打喷嚏（通常是突然和剧烈的）、流鼻涕（多为清水涕，感染时为脓涕）、鼻腔不通气（嗅觉下降或消失）、头昏、头痛、耳闷、眼睛发红发痒及流泪（眼眶下黑眼圈是经常揉眼所致）。

2. 儿童鼻炎的分类

1）儿童鼻窦炎。儿童鼻窦炎的症状和体征与普通的感冒症状相似，诊断有一定困难，具有以下症状时应考虑鼻窦炎的可能，应及时到耳鼻喉科就诊：一是症状持续 10 天以上；二是每年多次患上呼吸道炎症，发热时伴有脓性鼻涕。

2）儿童上颌窦炎。儿童上颌窦炎普遍的症状表现为长期轻微的咳嗽，发出"吭、吭"声，伴有痰咳出。这其实并不是气管分泌的痰，而是小儿鼻炎产生的鼻涕向下流到咽喉、气管、支气管，然后引起反射性的咳嗽，把鼻涕咳出。这种倒流鼻涕长期刺激上呼吸道，可继发慢性炎症，造成支气管炎或痉挛，促发咳喘；反过来又影响鼻黏膜的血管，引起鼻塞声重、咽喉肿痛等症，加重鼻窦的炎症。医学上称为鼻肺反射综合征。

给婴幼儿滴鼻药的方法是（　　　）。

A．让婴幼儿仰卧，肩下垫个枕头，头尽量后仰，滴 1 ～ 2 滴药液，然后让其起来

B．让婴幼儿仰卧，使鼻孔朝上，滴 3 ～ 4 滴药液，轻揉鼻翼使药分布均匀，过一会儿再让其起来

C．让婴幼儿仰卧，肩下垫个枕头，头尽量后仰，滴 3 ～ 4 滴药液，轻揉其鼻翼使药分布均匀，过一会儿再让其起来

D．让婴幼儿仰卧，肩下垫个枕头，头尽量后仰，使鼻孔朝上，滴 2 ～ 3 滴药液，轻揉鼻翼使药分布均匀，过一会儿再让其起来

八、滴耳药

滴耳药是一种针对耳朵炎症或病变的局部治疗方法。高浓度药物直接作用于该局部病灶中，可直接消炎杀菌、消肿止痛、软化耵聍，在治疗耳病中能起到很好的效果，使用也非常方便。

（一）操作步骤与要求

1）准备工作。包括：①保育师洗净双手；②如果在冬季等温度较低的环境下使用滴耳药，则先将该药瓶用手握住，或放入不超过 40℃ 的温水中数分钟。尽量使瓶内药液的温度与人体接近，以免由于温度差异过大，产生对内耳前庭器官的刺激而引发眩晕、恶心等不良反应。

2）让婴幼儿侧卧在床上，或侧躺在保育师的腿上，患耳朝上。

3）滴耳药的滴口紧靠在患耳耳道的侧壁，向下、往后轻拉耳垂，使外耳道伸直，轻轻挤压滴管，滴入 1 ～ 2 滴药液让药液沿着耳壁流入耳道。这样做的目的是避免空气被堵在耳道内。边滴药液边轻轻运动耳郭，帮助药液流入。

4）滴完药液后，不要立即抱起婴幼儿，保持原位 3 分钟左右。

5）严格按照医嘱使用药液，方法、药量、时间和次数等都不要自作主张。

（二）工作中应注意的问题

1）在给婴幼儿使用此类药物时，保育师要确定该药能否给婴幼儿使用，有些滴耳药水如氨基糖苷类、庆大霉素滴剂等在作用过程中对内耳器官产生的毒性作用会给婴幼儿造成不可逆转的听力损伤。

2）保育师要询问清楚该药的使用方法及剂量，即滴的时间和滴的滴数。不同病症、不同程度的婴幼儿对药物的需求量也不同。所以，在使用此类药物前应先到医院确诊，根据医生开具的药物及使用建议对婴幼儿用药，千万不可擅自用药。

3）保育师在给婴幼儿使用药物前要先仔细阅读使用说明书，了解清楚该药水在使用过程中应注意的问题、禁用人群及会产生的不适症状。使用药水后，保育师要留心观察婴幼儿是否出现相应的症状，以便及时就医。

小儿中耳炎的类型及其表现

1）分泌性中耳炎或非化脓性中耳炎。在婴幼儿中较为常见，多因咽鼓管功能障碍、中耳负压引起。表现为耳闷，听力下降，自声过响，自述吞咽时耳内作响，耳鸣如吹风样，擤鼻时耳内有气过水声，有轻度耳痛。检查见鼓膜浑浊，黯淡无光，如毛玻璃油纸状，可有不同程度的内陷。透过鼓膜可见液面，偶见气泡。听力检查多呈传导性聋或混合性聋，鼓室负压，鼓室图呈 B 型。分泌性中耳炎是在小儿中常见的致聋原因，加强本病的预防工作对小儿的防聋、治聋非常重要。最主要的措施就是锻炼身体，增强机体抵抗力。

2）急性化脓性中耳炎。多发生在上呼吸道感染或急性传染病患儿身上，尤其是体弱、免疫力低下、贫血、患有糖尿病的患儿。致病菌为溶血性链球菌、肺炎球菌、流感杆菌及金黄色葡萄球菌等。

局部症状：发病时，耳深处极度疼痛，也可有乳突部压痛或患侧头痛，多在夜间，小儿痛醒，用手抓耳或摇头，烦躁不能入睡，啼哭拒食；耳漏鼓膜一旦穿孔，脓液可从耳道排出，开始可为血性，后为黏脓性。

全身症状：小儿症状较成人重。高热可达 40℃以上，可有高热惊厥、呕吐、腹泻症状，严重时有脑膜刺激症状。

3）慢性化脓性中耳炎。致病菌以金黄色葡萄球菌、铜绿假单胞菌居多，有时出现变形杆菌等混合感染。患耳常因在急性期未能彻底治愈、局部组织破坏较重而反复感染发作，持续流脓，听力减退。

给婴幼儿滴耳药的方法是（　　）。

A. 让婴幼儿侧躺，患耳向上，并向下、向后轻拉耳垂，使外耳道伸直，用干净的棉花签把外耳道内的脓液擦干净，滴入 1～2 滴药液，轻轻按揉耳屏使药液分布均匀

B. 让婴幼儿仰躺，用干净的棉花签把外耳道内的脓液擦干净，滴入 1～2 滴药液，轻轻按揉耳屏使药液分布均匀

C. 让婴幼儿仰躺，患耳向上，并向下、向后轻拉耳垂，使外耳道伸直，用干净的棉花签把外耳道内的脓液擦干净，滴入 3～4 滴药液，轻轻按揉耳屏使药液分布均匀

D. 让婴幼儿侧躺，患耳向上，并向下、向后轻拉耳垂，使外耳道伸直，滴入 1～2 滴药液，然后起身

九、采用物理降温法

婴幼儿发烧时可采取物理降温。日常生活中的一些习惯性的行为和方法就属于物理降温法，如头部冷敷法、温水擦浴法等。

（一）头部冷敷法

1）将小毛巾折叠数层，放在冷水中浸湿，拧成半干以不滴水为度，敷在前额。

2）每 5～10 分钟换一次。

3）也可以用热水袋灌进凉水或小的冰块，做成冰枕，枕在头后；或将冷湿毛巾放在腋窝、肘窝、腘窝、腹股沟（大腿根部）等处。

4）若冷敷时婴幼儿发生寒战、面色发灰，应停止冷敷。

（二）温水擦浴法

水温以 35～40℃为宜，同时保持室内温度达到 25～27℃。擦浴时以头颈部、腋窝等大血管走行处为主进行全身擦拭。擦浴后要注意观察婴幼儿的体温变化情况。

（三）工作中应注意的问题

1）用物理降温法，使婴幼儿体温降至 38℃左右即可。因为体温在 38℃左右时，婴幼儿发生抽搐的可能性很小。

2）擦浴时主要是脖子和四肢，不要进行腹部擦浴，以防使婴幼儿的腹部受凉引起其他疾病。

3）擦浴时注意保暖，勿在风大的地方进行。

4）擦后 15 ～ 30 分钟测一次体温，观察病情变化，2 小时后可再测一次。

 保育师解读

　　婴幼儿发烧的原因除了细菌或病毒感染，还有环境因素的影响。环境温度太高、中暑、衣服穿得过多、包裹得太严密都有可能引起发烧。

　　婴幼儿发烧最常见的原因是病毒感染，以呼吸道（感冒、幼儿急疹、肺炎）和肠道感染（胃肠炎）为主。另外，发烧还可以见于细菌感染（脑膜炎、支气管炎和扁桃体发炎）、支原体感染和寄生虫感染（蛔虫病）等。婴幼儿发烧后，保育师须尽快找出病因，然后对症治疗。保育师在婴幼儿发烧期间要精心护理，时刻监测婴儿的体温变化，适当地给婴幼儿多喂水，科学地使用物理降温法或施用退烧药。

 练一练

使用物理降温法擦浴时，不可擦拭婴幼儿的（　　）。

A. 腹部　　　　B. 四肢　　　　C. 脖子

十、采用热敷法

　　热敷法是将热的物体（如热水袋或热毛巾）置于痛处来消除或减轻疼痛的方法。它能使局部的毛细血管扩张、血液循环加速，起到消炎、消肿、祛寒湿、减轻疼痛、消除疲劳的作用。热敷可扩张血管，加快血液流动，使肌肉、肌腱、韧带松弛，也可解除因肌肉痉挛、强直而引起的疼痛（如胃肠痉挛、腰肌劳损等），促进血液循环，加速渗出物的吸收，促进炎症的消散，还可解除因肠胀气引起的疼痛及尿潴留等。

（一）热敷法

1. 热水袋法

　　热水袋法，也叫干热敷法，常用于解痉、镇痛、保暖。将 50℃以下的热水灌入热水袋内。灌入量为热水袋容量的 1/2 ～ 2/3，逐出袋内空气，拧紧塞子。擦干后倒提热水袋观察是否漏水。最后将热水袋装入布套中或用毛巾包裹，放于婴幼儿需要热敷的

部位。

无热水袋时也可用葡萄糖空瓶或塑料壶（瓶）代替，只要遇热水不变形、不漏水就可以用。施热时间一般为 20～30 分钟。此法方便、常用，但其热力效应不如湿热敷法。

2. 湿热敷法

湿热敷法常用于消炎、镇痛。将隔尿垫（或塑料布）和毛巾垫在湿热敷部位下面，在需要热敷的皮肤局部涂以矿物油脂或食用油，注意涂抹范围要大于热敷范围，然后盖上一层纱布。将浸在热水里的小毛巾拧至不滴水，用手腕部试温，以不烫手为宜，折叠后敷于婴幼儿患处，上面加盖干毛巾保温。在患部不忌压的情况下，还可用热水袋放置在小毛巾上，再盖上大毛巾保湿，效果更佳。湿热敷法的温度以婴幼儿能够耐受、不感觉烫为标准，3～5 分钟更换一次，一般连续热敷 15～20 分钟。热敷完毕，揭去纱布，擦去矿物油脂或食用油，给婴幼儿穿好衣服。

在给婴幼儿热敷的过程中，一定要做好婴幼儿的防护工作，避免烫伤婴幼儿。

用肚脐贴热敷的注意事项

肚脐贴是一种用中药制成的贴在肚子上的药物，把肚脐贴贴在婴幼儿的肚子部位，可以起到散寒止泻、健脾温中的作用。因为肚脐贴也有散热的功效，所以也可以起到热敷的相关作用。

但是在使用过程中要注意，如果婴幼儿肚脐出现了破损、伤口，则不能直接使用肚脐贴。在使用过程中，如果婴幼儿出现红肿、瘙痒的症状，需要马上停止使用。

（二）工作中应注意的问题

1）湿热敷法穿透力强，因而作用也较好。保育师在操作过程中应注意观察，婴幼儿往往不能很好地配合，因而要慎防烫伤。另外，婴幼儿在热敷后，30 分钟内不宜外出，以防感冒。

2）用热水袋法热敷时水的温度要控制在 50℃内，经常观察放置热水袋的部位，以免造成烫伤。如果发现皮肤红肿，则应立即停止使用，并在局部涂矿脂保护皮肤。

3）脏器出血、软组织挫伤、扭伤或砸伤初期（前 3 天）忌用热敷。急性腹痛诊断未明前不宜热敷。面部危险三角区感染化脓、皮肤湿疹、细菌性结膜炎均忌用热敷。

热敷时的温度要控制在（　　）内。

A．20℃　　　　B．30℃　　　　C．40℃　　　　D．50℃

十一、采用简易通便法

简易通便法是简单易行、经济有效的方法，可协助婴幼儿排便以解除便秘。通便制剂多为高渗液和润滑剂所制，具有吸出肠腔水分，稀释、软化粪便，润滑肠壁，刺激肠蠕动的作用。

（一）开塞露通便法

开塞露呈锥状扁圆形，密封的塑料胶壳内装50%甘油或山梨醇。婴幼儿用的为10毫升/支，药店有售。

1）婴幼儿取左侧卧位，将开塞露尖端剪开并修光滑。

2）先挤出少量药液润滑开塞露顶端及肛缘，然后轻轻插入肛门。

3）用力挤压塑料壳后端，使药液全部注入肛门内。

4）退出空壳，丢弃。

5）让婴幼儿尽量保留药液，到不能忍受时才排便（一般要求保留10分钟左右），即能达到通便的目的。

（二）甘油栓通便法

甘油栓是由甘油和明胶制成的呈圆锥形的栓剂。

1）使用时，婴幼儿取左侧卧位。

2）保育师将甘油栓包装纸剥去，手垫纱布或卫生纸捏住栓剂较粗的一端，将尖端部分插入肛门（婴幼儿张口呼吸，可放松肛门括约肌）。

3）用纱布轻轻按揉数分钟后压紧婴幼儿两侧臀部（以防婴幼儿迅速将栓剂排出），使甘油栓完全融化后再排便，以保证通便效果。

（三）手法按摩通便法

婴幼儿仰卧在床上，保育师用双手食指、中指、无名指重叠置于婴幼儿的腹部，依结肠走行方向（由升结肠起始部开始，经横结肠、降结肠至乙状结肠）顺时针做环形按摩，可起到刺

微课　手法按摩通便法

激肠蠕动、帮助排便的作用。

（四）工作中应注意的问题

1）勿滥用民间偏方。治疗婴幼儿便秘，民间"高招"很多。有儿科专家指出，在广州，不少家长总把便秘当"热气"，给婴幼儿灌凉茶或七星茶。其实，凉茶和七星茶喂多了反而会扰乱胃肠消化功能，即中医所说的损伤脾胃功能，影响婴幼儿食欲，降低婴幼儿体质。

2）不要乱用党参、黄芪等中药，否则会使婴幼儿兴奋、烦躁，更难以排便。如果婴幼儿便秘1～2天，可以尝试按摩通便等方法；如果超过两天，就一定要看医生。

 保育师解读

　　婴儿便秘大多与乳类营养成分失调有关。如今在很多乳制品中，蛋白质、脂肪过多而碳水化合物不足。蛋白质（如牛奶、奶粉中的酪蛋白）较难消化吸收，多余的就会与钙结合成坚实的粪块。至于脂肪，多了也可与肠腔中的钙结合成皂块。此外，脂肪分解后形成的短链脂肪酸会降低大肠蠕动，大便在那里贮存久了，水分被吸收，就留下了干巴巴的粪块。

 练一练

使用手法按摩通便法时，应（　　）。

A．逆时针做环形按摩　　　　　　B．顺时针做环形按摩

 **任务检测**

一、选择题

1. 用腋下表给婴幼儿测体温，表示发热的温度是（　　）。

　　A．35℃　　　　B．36℃　　　　C．37℃　　　　D．38℃

2. 婴儿测体温的部位是腋窝、（　　）、肛门。

　　A．口腔　　　　B．膝盖　　　　C．眼睛　　　　D．鼻腔

3. 对婴幼儿施行温水擦浴法时，水温在（　　）为宜。

　　A. 32℃　　　　B. 38℃　　　　C. 45℃　　　　D. 48℃

二、简答题

简述简易通便法的内容与要求。

模拟为婴幼儿滴耳药的工作流程。

如何预防婴幼儿胃胀气

1）饮食习惯。注意培养婴幼儿良好的进食习惯，婴幼儿进食太快或者边走边吃，都容易吞进空气。同时要避免消化不良，萝卜是帮助排气的食物，土豆、面食、糖等食物不易消化。

2）适当运动。积极锻炼身体，进行适量的室外运动，增强婴幼儿的免疫力和抵抗力。简单的蹲、身体往前后弯曲或转腰的动作，都可以扭转腰部肌肉加速肠蠕动。但是在进食之后不建议进行剧烈运动，可适当散步消食。

3）心情愉悦。保持积极乐观的情绪，防止不良情绪。不良的情绪会使消化功能减弱，刺激胃部制造过多胃酸等，使胃气增多，腹胀加剧。

1）发现婴幼儿胀气时，保育师应如何处理？
2）测体温时有哪些应注意的问题？

任务二　常见的急救技术

2019年8月7日上午7点01分，南航CZ6235武汉—银川航班起飞。起飞20分钟后，一位母亲突然开始惊恐地大声呼唤自己的孩子，并向空乘求救。接到后舱乘务员反映的情况后，乘务组马上广播寻找医生。

恰巧,坐在这位母亲前排的是正在休假的湖北省妇幼保健院的王医生。她立刻来到后排,看到孩子已经没有了生命体征,决定立刻实施心肺复苏。王医生和航班安全员交替持续为孩子进行心肺复苏,不到 2 分钟,孩子开始无意识地抬手,紧闭的气道突然打开,呼出了一口气,颈动脉搏动恢复,逐渐恢复了呼吸。

婴幼儿是一个特殊的群体,自我保护能力较弱,在托幼园所的集体生活中难免出现一些意外伤害事故。急救技术是保育师能够使用的、不需要或很少需要医疗设备的、能对急危症婴幼儿采取的急救措施。正确实施急救技术关乎婴幼儿的生命安全,作为保教人员,应如何实施急救技术,挽救婴幼儿的生命呢?

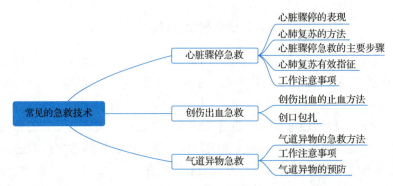

※ **知识目标**

1)明确心脏骤停、创伤出血、气道异物对婴幼儿的危害。

2)掌握托幼园所婴幼儿心脏骤停、创伤出血、气道异物的急救工作。

※ **能力目标**

1)能够模拟进行婴幼儿心脏骤停、创伤出血、气道异物的急救操作。

2)能熟练应对婴幼儿心脏骤停、创伤出血、气道异物等情况,提升婴幼儿的安全保护。

※ **素质目标**

1)坚持以婴幼儿为本,尊重婴幼儿的生命,树立正确的生命观。

2)提升自身安全意识,树立安全责任意识。

一、心脏骤停急救

心脏骤停可能发生在任何时间、任何地点及任何人身上。一旦发生心脏骤停，大脑和其他重要器官的血液灌注将会停止。如果得不到及时的抢救，4～6分钟后会给婴幼儿的脑部和其他重要器官组织造成不可逆的损害。因此，心脏骤停后的心肺复苏必须立即在现场进行。保育师应掌握婴幼儿突发心脏骤停时进行心肺复苏的主要步骤，掌握心肺复苏的操作方法，并能应对突发状况。

（一）心脏骤停的表现

1）意识突然丧失，伴有或不伴有抽搐。

2）呼吸呈叹息样或停止。

3）瞳孔散大，对光反射消失。

4）心搏及大动脉搏动消失。

（二）心肺复苏的方法

心肺复苏是心脏和呼吸骤停时采取的关键抢救措施技术，目的是恢复婴幼儿的自主呼吸和自主循环。

1. 人工呼吸的方法

1）将婴幼儿的头偏向一侧，从其嘴和鼻子里面取出任何可见的异物。一手按住婴幼儿的额头，另一只手轻轻抬起其下巴（1岁以下的婴幼儿的头不用向后倾斜太多就可以打开气道），帮助婴幼儿打开气道。

2）深吸一口气，用手指捏住婴幼儿的鼻子，用嘴完全包住婴幼儿的嘴。若是年龄较小的婴幼儿，则需要用嘴完全包住婴幼儿的口鼻，缓慢吹气。

3）每次吹气持续1秒，一共做2次，观察婴幼儿的胸廓是否有起伏。

动画 人工呼吸的方法

2. 胸外按压的方法

1）让婴幼儿仰面躺在固定的表面（如地板、硬床上），让婴幼儿的头部和心脏平齐。

2）按压时找到胸骨下1/3、双乳头连线交叉点处进行心脏

动画 心脏按压的方法

按压，按压频率是每分钟 100～120 次，按压 30 次，按压与放松时间之比为 1：1，再接 2 次人工呼吸。在按压过程中要确保每次按压放松后都让胸部恢复到初始位置，按压节奏平稳，不可任意中断。

3）按压方法。

① 双手环压法。此方法适合身体较小的婴幼儿。右手的大拇指叠放在左手大拇指指甲处，两手的其余四指并拢，围拢婴幼儿身体。以大拇指指头的力量垂直下压，按压的深度一般在 2～3 厘米，如图 4-3 所示。

② 单手按压法。此方法适合身体较大、双手难以围拢的婴幼儿。一只手的食指和中指放在婴幼儿的胸壁上方进行垂直按压，按压幅度是婴幼儿的整个胸廓深度的 1/3 左右，食指和中指要并拢用力，着力时手指和胸骨垂直，不可以前后摇动，如图 4-4 所示。

③ 双手按压法。此方法适合身体较大的婴幼儿。一只手的掌根部紧贴按压区，另一只手掌重叠在其手背上（图 4-5），使全部手指脱离胸壁，垂直向下用力按压，按压的深度要达到 5 厘米。

图 4-3　双手环压法示意

图 4-4　单手按压法示意

图 4-5　双手按压法示意

保育师支招

"黄金 4 分钟"，即意外发生后，要在 4 分钟内开始实行心肺复苏操作，最大限度地维持婴幼儿的血液循环和呼吸过程，等待专业人员和抢救设备的到达。只有这样，婴幼儿才有存活的可能。所以，我们将抢救时最初的 4 分钟称为"黄金 4 分钟"。

（三）心脏骤停急救的主要步骤

1. 评估现场环境安全状况

观察周围环境，确定周围环境是否安全，避免造成婴幼儿二次损伤。

2．判断婴幼儿的意识状况

轻拍婴幼儿的脚或肩膀，并呼唤他，观察婴幼儿是否有反应。

3．判断婴幼儿的呼吸状况

观察婴幼儿的胸廓是否有起伏，鼻翼是否有煽动，用 5 秒时间判断婴幼儿是否有自主呼吸。

4．判断婴幼儿有无颈动脉搏动

用右手食指、中指按于婴幼儿的胸锁乳突肌前缘凹陷处，确认是否有搏动。

5．迅速拨打 120

求助他人拨打 120。

6．实施心肺复苏

快速而轻柔地把婴幼儿的脸部朝上，放到平稳的桌面或地面上，解开其衣服，松开其裤带，使其处于宽松状态，实施心肺复苏抢救。

7．观察婴幼儿的反应

进行 2 分钟的胸外按压后，观察婴幼儿是否有反应或是否恢复呼吸脉搏。如果仍没有反应，继续做心肺复苏。

保育师解读

婴幼儿心脏骤停的原因

引起婴幼儿心脏骤停的原因有很多，如新生儿窒息、婴儿猝死综合征、喉痉挛、喉梗阻、气管异物、胃食管反流、严重肺炎及呼吸衰竭、药物、严重心律失常、中毒、代谢性疾病、心肌炎、心肌病、心力衰竭、各种意外损伤等。

（四）心肺复苏有效指征

1）自主呼吸恢复。
2）大动脉搏动可触及。

3）上肢收缩压大于 60 毫米汞柱。

4）患者面色、口唇、皮肤等色泽逐渐转为红润。

5）散大的瞳孔缩小。

6）神志逐渐恢复。

（五）工作注意事项

1）胸外按压和人工呼吸的比例是 30 ∶ 2。

2）每隔 2 分钟检查婴幼儿是否恢复呼吸和脉搏。

3）如果婴幼儿有反应，立刻停止心肺复苏；如果没有反应，要一直持续做，直到急救车到现场为止。

4）口对口人工呼吸时，吹气前不用深吸气，以婴幼儿的胸廓有起伏为准，避免过度充气。

5）胸外按压时，要确保足够的频率及深度，尽可能不中断。如需中断，最多不超过 5 秒。每次胸外按压后要让胸廓充分回弹，以保证心脏得到充分的血液回流。

6）胸外按压时，急救人员的肩、肘、腕应在一条直线上，并与婴幼儿的身体长轴垂直。按压时，急救人员的手掌根部不能离开婴幼儿的胸壁。

根据所学知识，以小组为单位，口述心脏骤停急救的主要步骤并进行模拟练习操作。

二、创伤出血急救

出血是创伤后的主要症状之一，失血量的多少和失血速度直接影响着婴幼儿的健康和生命。一次出血量达到全身血量的 1/3 时，就会危及婴幼儿的生命。因此，保育师在婴幼儿出血后立即止血，是挽救婴幼儿生命的重要措施。保育师应掌握创伤出血的急救技术，了解其重要性，掌握急救技术的要点，并能应对创伤出血情况。

失血量达全身血量的 20% 以上时，会出现休克症状，即脸色苍白、口唇青紫、出冷汗、四肢发凉、烦躁不安或表情淡漠、反应迟钝、呼吸急促、心慌气短、脉搏细弱或摸不到、血压下降或测不到血压等。

（一）创伤出血的止血方法

1．一般止血法

小伤口止血，可用生理盐水或清水冲洗伤口，再涂上常用的消炎止血药，盖上消毒纱布块，用绷带较紧地包扎伤处，以不出血为度。

不能在伤口上乱涂泥土、香灰、花椒面、烟丝、牙粉之类不干净的东西，以免引起化脓感染。

2．指压止血法

用手指或手掌压住动脉经过骨骼表面的部位，即压迫出血管的近心端，使血管被压闭阻断血流，达到暂时止血的目的。具体操作方法如下。

1）头顶部出血：在伤侧耳前，对准耳屏上前方 1.5 厘米处，用拇指压迫颞动脉。

2）面部出血：用拇指压迫伤侧下颌骨与咬肌前缘交界处的面动脉。

3）鼻出血：用拇指和食指压迫鼻唇沟与鼻翼相交的端点处。

4）头面部、颈部出血：四个手指并拢对准颈部胸锁乳突肌中段内侧按下，将颈总动脉压向颈椎上。

5）肩、腋部出血：用拇指或四指并拢压迫同侧锁骨上窝，向下对准第一肋骨，压住锁骨下动脉。

6）上臂出血：一手抬高患肢，另一手四个手指对准上臂中段内侧，将肱动脉压于肱骨上。

7）前臂出血：抬高患肢，压迫肘窝处肱动脉末端。

8）手掌出血：抬高患肢，压迫手腕部的尺、桡动脉。

9）手指出血：抬高患肢，用食指、拇指分别压迫手指掌侧的指动脉。

10）大腿出血：在腹股沟中点稍下方，用双手拇指或肘部压迫股动脉。

11）足部出血：用双手拇指分别压迫足背动脉和内踝的胫后动脉。

指压止血法只是一种应急措施，常用于紧急抢救时的动、静脉出血，压迫时间不宜过长。压迫时间限定在 10 ～ 15 分钟。压迫动脉出血点要准确，头面部、颈部出血止血时，不能同时压迫两侧的颈总动脉，以免造成脑缺血坏死。发生四肢动脉伤时，先用指压止血法止血，再根据情况改用其他方法止血。按压力度要适中，以伤口不再出血为宜。

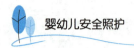

3．加压包扎止血法

加压包扎止血法是常用的止血方法，能迫使伤口及伤口处的血管闭合，使伤口处的血液循环减缓，使出血处有足够的时间完成凝血。此方法常用于动脉或静脉止血。

先用酒精或碘酒消毒，然后用可溶性消毒纱布或干净毛巾、布等折叠成比伤口稍大的垫子盖住伤口，最后用绷带或三角巾加压包扎，松紧度以达到止血目的为宜。

当伤口在肘窝、腋窝、腹股沟时，可在加垫后屈肢固定在躯干上加压包扎止血。此方法适用于上下肢、肘、膝等部位的动脉出血，但出现骨折、可疑骨折或关节脱位时，不宜使用此方法。

4．止血带止血法

止血带止血法是大血管损伤时救命的重要手段，使用一般加压包扎法无效时可使用此方法，止血效果较好。

将患肢抬高，促使其中静脉血液流回体内，从而减少血液流失。在有效止血的前提下，捆扎止血带的部位尽量靠近出血部位，常选用上肢上臂上 1/3 处，或下肢大腿根部，捆止血带要松紧适中，以伤口不出血为度。

止血带止血法使用不当，可能会出现严重的并发症，因此，必须注意以下几点。

1）不能将止血带直接缠在皮肤上，必须用三角巾、毛巾、衣服等做成平整的垫子垫上。

2）用毛巾、大手帕等现场制作止血带时，应先将其折叠成长条状，宽度约为 5 厘米，以便受力均匀。严禁使用电线、铁丝、细绳等过细且无弹性的物品充当止血带。

3）上臂中段禁止使用止血带，因为该处有桡神经从肱骨表面通过，止血带的压迫可造成桡神经损伤。

4）操作时压力不可过大，以防引起神经损伤。

5）一般扎 30～40 分钟应放松 2～3 分钟，以防肢体缺血过久而坏死。

6）放松止血带时要在伤口处加压，防止松开止血带后引起猛烈、迅速出血，如出血加剧要立即将止血带再扎紧。

判断外伤出血的种类

1. 内出血

内出血主要从两个方面判断：一是根据吐血、咯血、便血或尿血判断胃、肠、肺、肾或膀胱有无出血；二是根据有关症状判断，如面色苍白、出冷汗、四肢发冷、脉搏较弱，以及胸腹部肿胀、疼痛等，这些是重要脏器如肝、脾、胃等出血的体征。

2. 外出血

1）动脉出血：因外伤导致动脉破裂时，血流呈鲜红色的喷射状流出，失血量多，危害性大，若不立即止血，就会危及生命。

2）静脉出血：外伤导致静脉血管破裂时，血液呈暗红色的非喷射状流出，若不及时止血，时间长、出血量大，也会危及生命。

3）毛细血管出血：血液从受伤面向外渗出，呈水珠状，颜色从鲜红色变成暗红色。

（二）创口包扎

1. 常用的包扎方法

（1）环形包扎法

环形包扎法是基本的包扎方法，常用于手腕部等肢体粗细相等的部位。伤口用无菌或干净的消毒纱布块覆盖并固定。将绷带打开，第一圈环绕稍做倾斜状，大致倾斜45°，并将第一圈斜出一角压入环形圈内环绕第二圈。加压绕肢体4～5圈，每圈盖住前一圈，绷带缠绕范围要超出消毒纱布块边缘。将多余的绷带剪掉，用胶布粘贴固定，也可将绷带尾部从中央纵行剪成两个布条，然后打结。

（2）交叉包扎法

交叉包扎法又称"8"字包扎法，用于腕等关节部位，方便关节弯曲。伤口用无菌或干净的敷料覆盖，固定敷料。包扎时从腕部开始，先环形缠绕两圈。右手将绷带从右下越过关节向左上缠扎，绕过后面，再从右上（近心端）越过关节向左下缠扎，呈"8"

字形，每圈覆盖上周 1/3 ～ 1/2。最后将绷带尾端在腕部固定。

（3）螺旋包扎法

螺旋包扎法多用于粗细相同的肢体、躯干处。伤口用无菌或干净的敷料覆盖，固定敷料。先按环形包扎法缠绕两圈，从第三圈开始向上缠，每圈盖住前圈 1/3 或 1/2 呈螺旋形，以环形包扎结束。

2．工作的注意事项

1）包扎伤口要做到"轻、快、准、牢，先盖后包，不盖不包"。

① 轻。包扎动作要轻，不要碰撞伤口，以免增加婴幼儿的疼痛和出血。

② 快。发现伤口要快，包扎动作要快，以免造成伤口进一步感染，增加婴幼儿的痛苦。

③ 准。包扎部位要准确、严密，不要漏伤。

④ 牢。包扎要牢固，松紧适宜，以免妨碍血液流通和压迫神经。

2）绷带不能太松，否则无法固定纱布。如果没有经验，打好绷带后，可以通过观察婴幼儿的身体远端有没有变凉、有没有浮肿等情况来进行判断。

3）打结时，不要在伤口上方，也不要在身体背后。

4）在没有绷带且必须包扎的情况下，可用毛巾、手帕、床单（撕成窄条）、长筒尼龙袜子等代替。

1）根据所学知识，列出四种止血方法（学生可选择自己喜欢的表述方式，如列表、思维导图等）。

2）以小组为单位，口述加压包扎止血法的操作要点，并进行模拟练习。

三、气道异物急救

气道异物堵塞在生活中并不少见，婴幼儿气道堵塞后无法进行呼吸，故可能导致婴幼儿因缺氧而死亡。气道异物堵塞多发生于 5 岁以下的婴幼儿中，其中 1 ～ 2 岁的婴幼儿居多，且死亡率较高。婴幼儿一旦发生窒息，必须立即急救，几乎没有送医院急救的机会。保育师应掌握婴幼儿气道异物的急救方法，并能应对婴幼儿因气道异物阻塞而窒息的突发状况。

（一）气道异物的急救方法

1．拍背法

先将婴幼儿面朝下放置在保育师的前臂上，手臂贴着婴幼儿的前胸，一只手捏住婴幼儿的颧骨两侧，另一只手托住婴幼儿的后颈部，让其脸朝下，趴在成人的膝盖上。在婴幼儿背上拍 1 ～ 5 次，并观察婴幼儿是否将异物吐出。

微课 拍背法

2．压胸法

拍背法无效时，应立刻采取压胸法。将婴幼儿翻过来，使其躺在坚硬的地面或床板上，成人跪下或立于其足侧，或取坐位，并使婴幼儿骑在成人的大腿上，面朝前。成人一手固定在婴幼儿的头颈位置，另一手伸出食指、中指，放在婴幼儿胸廓下和肚脐上的腹部，快速向上重击压迫，动作要轻柔。不断重复，直至异物排出。

微课 压胸法

（二）工作注意事项

1）快速判断气道异物表现。

2）如果处理不好，马上拨打 120，并注意在电话里说清具体问题。一旦发现婴幼儿意识丧失，需要马上进行心肺复苏。

3）异物排出后，也应去医院做进一步检查，防止其他伤害的发生。

（三）气道异物的预防

1．引导婴幼儿养成良好的习惯

在婴幼儿进食时不要嬉笑、哭闹、打骂，如果婴幼儿正在哭闹，不能强迫其进食，也不能用手强行掏取，以防婴幼儿将其吸入气管。应把婴幼儿容易吸入的小物品放在他们拿不到的地方，避免他们玩耍时将小玩具放入口、鼻中，以保证婴幼儿的安全。

2．呕吐情况的处理

在婴幼儿出现呕吐情况时，应该将其头部偏向一侧，使其容易吐出，避免吸入气道。

3．咽部异物的处理

在婴幼儿咽部有异物时，不要用手指挖取，也不要用吞咽大块食物的方法将异物压下去，应设法诱导其吐出或到医院处理。

4．不要给予婴幼儿容易引起咳呛的食物

平时应注意不要给予婴幼儿瓜子、花生米一类食物。3岁以下婴幼儿应尽量少吃干果、豆类食物。

保育师解读

易发生气道阻塞的食物

1．果冻
吞食果冻容易发生意外，建议给婴幼儿吃果冻的时候，不要给一整颗，应先弄碎再让其食用。

2．硬糖
硬糖为不好咬的食物，容易噎住喉咙，不适合婴幼儿食用。

3．花生酱
花生酱黏稠度过高，不适合婴幼儿吞食。

4．坚果类
坚果的体积小，有时婴幼儿可能来不及咀嚼就吞食下肚，容易噎到。

5．小巧水果
小巧、呈圆形且里面带核的水果，如龙眼、葡萄、樱桃等不适合婴幼儿食用。

6．多纤维蔬菜
纤维较多且不易嚼烂的蔬菜，如芹菜、豆芽等，不适合婴幼儿食用。

7．大肉块
婴幼儿无法咬烂大肉块，强吞下去很容易噎到，应该切成薄肉片或肉丁。

8．长面条
婴幼儿不易吞食太长的面条，以吸食的方式食用很容易噎到，烹调时可先将长面条切成小段再烹煮。

9．多刺的鱼
建议选择鱼刺较少的鱼类，否则鱼刺容易刺伤婴幼儿的食管与口腔。

1）根据所学知识，口述气道异物堵塞的预防措施。

2）以小组为单位，模拟气道异物急救中的压胸法与拍背法的操作。

一、判断题

1. 失血量达全身血量的 50% 即可出现休克症状。　　　　　　（　　）

2. 在心肺复苏操作中，每次吹气持续 1 秒，一共做两次，观察婴幼儿的胸廓是否有起伏。　　　　　　　　　　　　　　　　　　　　（　　）

3. 发现婴幼儿口内有异物后，应劝说或诱导其吐出来，不能打骂婴幼儿。（　　）

二、简答题

1. 简述心肺复苏时应注意的问题。

2. 列举创伤出血的急救方法。

分角色扮演婴幼儿教师、保育师、保健医生、婴幼儿、婴幼儿家长等，模拟在托幼园所中婴幼儿出现意外进行急救的过程。

海姆利希手法（海姆立克急救法）

气道异物堵塞的情况在生活中并不少见，人在气道被堵塞后无法进行呼吸，故可能因缺氧而意外死亡。海姆利希（Heimlich）教授是一位多年从事外科治疗的医生。他在临床实践中被大量气道异物堵塞致死的病例震惊。他发现在急救中医生常采用拍打背部，或将手指伸进口腔、咽喉取物的办法排除堵塞的异物，但结果不仅无效，还会使异物进入呼吸道。他经过反复研究和多次的动物实验，终于发明了利用冲击腹部——膈肌下软组织，产生向上的压力，压迫两肺下部，从而驱使肺部残留空气形成一股气流的方法。这股带有冲击性、方向性的长驱直入气管的气流，能冲出堵住气管、喉部的食物、硬块等异物，使人获救。1974 年，海姆利希教授应用这种方法成功抢

救了一名因食物堵塞了呼吸道而发生窒息的患者，从此这种急救方法在全世界被广泛应用，拯救了无数气道被异物堵塞的人。因此，这种急救方法被人们称为"生命的拥抱"。

微课　海姆立克急救法

1）在婴幼儿突发疾病时，保育师应如何对婴幼儿进行急救？

2）进行急救操作时应注意什么？

任务三　托幼园所常见伤害的处理

幼儿园中班的小丽在进行美术活动的时候，和小朋友一起参加保育师组织的《老鹰抓小鸡》游戏。在跑动的时候小丽意外摔倒了，但并没有哭，保育师迅速赶到她身边，把她扶起来，通过仔细观察，发现她脖子上被别的小朋友划破了一点儿皮，精神良好，没有其他外伤。保育师一边询问她哪里疼，一边把她带到保健室，请保健医生给她擦了药水，然后联系家长。

婴幼儿在托幼园所发生轻微外伤，保育师对此进行了及时处理。像这样的常见伤害处理是保育师应具备的专业技能。

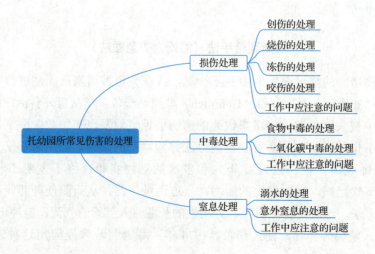

※ 知识目标

1）掌握婴幼儿损伤的处理措施。

2）掌握婴幼儿中毒的处理措施。

3）掌握婴幼儿窒息的处理措施。

※ 能力目标

能对婴幼儿常见伤害进行处理，把伤害减少到最小。

※ 素质目标

1）认识到只有掌握过硬的本领，才能在关键时刻挽救婴幼儿的生命。

2）认识到正确的施救方法是成功的保证。

3）形成珍爱婴幼儿生命健康的职业责任感。

一、损伤处理

常见的损伤如创伤、烧伤、冻伤、咬伤等，会使婴幼儿受到软组织损伤、出血、关节脱位等伤害，严重的可能导致颅脑损伤、四肢骨折等，甚至危及生命。只有按照规范的流程，采取正确及时的现场急救方法，才能挽救生命、减少痛苦。

保育师应对损伤情况进行评估以判断伤情，依伤情分类处理，轻症的现场处理后观察，重症的现场急救后送医救治。无论哪种情况，托幼园所都要及时通知家长。

（一）创伤的处理

1．擦伤、刺伤、切割伤的处理

轻微的擦伤会使皮肤细胞剥脱，有血液和组织液渗出；严重的擦伤会造成伤口出血，使伤口有污物。刺伤的伤口会有"刺"（针、钉、木屑、铁屑、刺）及携带污物的残留。切割伤的伤口伴有出血。这三种创伤多有伤口，伴有出血，处理方式类似。首先，评估伤情；其次，清洁伤口，用镊子夹出刺、碎屑、杂物等，用生理盐水把伤口冲洗干净，用碘酒或酒精对伤口及周边皮肤消毒；最后，在伤口上敷上无菌纱布，用绷带包扎。若伤口浅且出血不多，可不包扎。若伤口小，可用创可贴。若伤口较深，包扎后仍出血不止，应立即使用止血带止血并送医院治疗。

外伤出血，若血液为鲜红色，一股一股地喷出，流速快，量多，短时间内大量失血，为动脉出血，伤者会有生命危险。若血液为暗红色，流速稍慢，徐徐外流，呈涌出状，为静脉出血。血液像水珠一样流出或渗出，多能自行凝固止血，为毛细血管出血。毛细血管出血可简单包扎或不包扎。静脉出血需要在远心端结扎止血。若动脉出血，须立即在近心端结扎止血。出血不止或出血较多时，一定要送医院救治。擦伤、刺伤、切割伤的处理流程如图 4-6 所示。

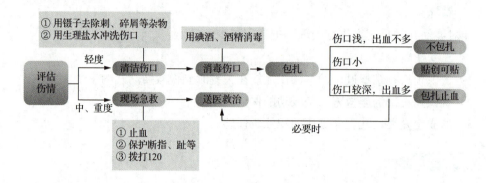

图 4-6　擦伤、刺伤、切割伤处理流程

注意：

1）如果被生锈的刀、铁钉等刺伤、割伤，除了进行伤口的处理，还应尽快注射破伤风抗毒素。

2）在伤口结扎止血时，如果送医时间较长，应隔一段时间适当松开一下，防止因组织缺血时间过长而坏死。

3）如果出现断指（趾）等情况，一定要就近就医，选择具有救治能力的最近的医院。时间是断指（趾）再植成活的关键。同时做好断指（趾）的保护工作。

4）伤口较深时，有可能造成肌肉、神经及筋膜的损伤。若发生于面部，则更容易留下瘢痕，须送医进行处理。

5）伤口上不要用棉花、软纸、药膏、粉剂等覆盖处理，以免给医生处理伤口增加难度，也不利于伤口愈合。

6）不要长时间使用创可贴，以防皮肤过敏或损伤。

7）不要对有异物或骨折端外露的伤口进行压迫止血。

2．挫伤、扭伤、挤压伤、跌伤的处理

因钝器或重物击打、跌倒撞击、重物挤压身体而造成的闭合性软组织损伤，称为挫伤。挫伤以局部深层组织损伤为主。婴幼儿的手指经常会被门、抽屉挤压而造成挫伤。

伤处发青发肿，疼痛明显，为轻微挫伤。四肢挫伤会影响运动功能。出现肌肉肌腱断裂，关节、脑颅和内脏损伤，为严重挫伤。扭伤的关节会出现皮下出血、肿胀、疼痛、活动受限、关节脱臼等症状。挤压伤和跌伤除了造成局部的软组织损伤、皮下血肿，还可能导致脑震荡、骨折等伤害，甚至危及生命。保育师可以根据婴幼儿的神情来判断伤情的轻重。若神志不清、反应迟钝，说明伤情较重；当出现休克情况时，要考虑脑和内脏是否受损。

1）局部软组织损伤的处理：停止活动，抬高或放平受伤肢体，予以局部冷敷和加压包扎，以减少局部组织的出血和减轻肿胀。待出血情况稳定、不再出血后，根据伤情适时改用热敷、理疗、药物外敷等，以促进对血肿和炎症的治疗。

2）关节扭伤的处理：应避免活动，早期局部可采用湿冷敷或冰敷方法，让受伤部位的温度降低，减少皮下出血或肿胀，减轻炎症反应和肌肉痉挛，缓解疼痛，抑制肿胀。同时，可用绷带包扎压迫扭伤部位，有助于保护和固定受伤关节。抬高患肢可促进血液回流，减轻肿胀疼痛，促进软组织损伤的恢复。

3）头皮血肿的处理：头皮血肿较小时，无须特殊处理，1～2周可自行吸收。出现头皮血肿的早期可冷敷，24～48小时后热敷。头皮血肿较大时，要及时就医。医生在无菌条件下，抽出积血，加压包扎，4～6周可自行吸收。对于血肿症状较重的婴幼儿，保育师要检查其是否有颅骨骨折、颅脑损伤和休克症状，观察婴幼儿的生命体征、神志、精神状态、血肿的变化等情况。保育师应注意皮下血肿，不要用手揉搓，否则越揉血肿越大，出血越多，疼痛越剧烈。保育师应注意观察婴幼儿的意识状况、生命体征和瞳孔变化等，警惕是否有颅内血肿、脑震荡或脑挫伤等。

4）关节脱位的处理：托幼园所婴幼儿的关节脱位常发生在肩关节和肘关节。婴幼儿的关节处会出现疼痛、肿胀、局部压痛、关节功能障碍等症状，肢体出现旋转、内收或外展，外观变长或缩短等畸形。在关节脱位发生后，保育师应安抚婴幼儿的情绪，使其保持适当的体位和姿势，尽快送医院治疗，避免关节处活动造成更大的伤害。

5）骨折的处理：骨折急救的目的是用最简单有效的方法保护患肢，迅速转运患者，以便尽快妥善处理。在骨折现场，保育师应首先检查婴幼儿的受伤部位，找坚实的固定物对骨折部位进行固定，如卷起来的报纸、厚纸板、木条、木板、门板等。如果是开放性骨折，应先止血包扎，使婴幼儿尽量保持原姿势原状态，等待救援或搬运就医。

在固定时要注意，固定物要放在肢体的外侧，同时不要覆盖伤口。捆绑固定物时，打结一定要打在固定物上，不要直接打在患肢上，减轻打结的压迫伤害。固定后可以将婴幼儿受伤的上肢屈肘90°置于胸前，用布或丝巾做成三角形的悬挂带，将受伤的肢体进行悬吊。注意开放性骨折断端外露部分不能强行还纳，以免损伤周围组织、血管和神经，引起感染。骨折的处理流程如图4-7所示。

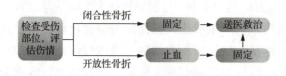

图4-7 骨折的处理流程

注意:

1)处理过程中一定要密切观察受伤婴幼儿的伤情,根据伤情及时进行施救方案的调整,以达到最佳的施救效果。

2)冷敷后一定不要过早地进行热敷,以免造成出血、肿胀加重的情况。

(二)烧伤的处理

烧伤的处理措施要依据烧伤的程度来制定。烧伤的程度根据烧伤的面积和深度来确定。不同深度烧伤的临床特点如表4-1所示。

动画 烧伤的处理

表4-1 不同深度烧伤的临床特点

烧伤深度	组织损伤	局部表现	预后
Ⅰ度	表皮浅层	皮肤有红斑、干燥、灼痛、无水疱	3～7日脱屑痊愈
浅Ⅱ度	表皮全层、真皮浅层	红肿明显、疼痛剧烈、有大小不一的水疱,疱壁薄,创面基底潮红	1～2周内愈合,多有色素沉着,无瘢痕
深Ⅱ度	真皮深层	水肿明显、痛觉迟钝、拔毛痛,水疱较小,疱壁较厚,创面基底发白或红白相间	3～4周愈合,常有瘢痕形成和色素沉着
Ⅲ度	皮肤全层、皮下、肌肉或骨骼	痛感消失,创面无水疱,干燥如皮革样坚硬,呈蜡白或焦黄色甚至炭化,形成焦痂,痂下可见树枝状栓塞的血管	3～4周后焦痂自然脱落,愈合后留有瘢痕或造成畸形

烧伤严重程度判断,按烧伤的总面积和烧伤的深度将烧伤程度分为四类(通常情况下,烧伤总面积的计算不包括Ⅰ度烧伤)。Ⅱ度烧伤总面积在10%以下为轻度烧伤;Ⅱ度烧伤面积在11%～30%,或Ⅲ度烧伤面积在10%以下为中度烧伤;烧伤总面积在31%～50%,或Ⅲ度烧伤面积在11%～20%,或总面积、Ⅲ度烧伤面积虽未达到上述范围,但已发生休克、吸入性损伤或有较重复合伤者为重度烧伤;烧伤总面积在50%以上,或Ⅲ度烧伤面积在20%以上,或存在较重的吸入性损伤、复合伤等为特重烧伤。

托幼园所发生烧伤情况时，应使婴幼儿迅速脱离热源。如被火焰烧伤，应尽快脱离火场，脱去婴幼儿的燃烧衣物，使其就地翻滚或跳入水池灭火，保育师可就近取非易燃物品覆盖，以隔绝灭火，忌奔跑或用双手扑打火焰。小面积烧伤，应立即用冷水连续冲洗或浸泡。然后保护创面，剪开并取下伤处的衣裤，不可剥脱；患者的创面可用干净敷料或布类简单包扎后送医院处理；创面应避免受压，防止再次损伤和污染；保育师应避免用有色药物涂抹伤者创面，以免影响医生对烧伤深度的判断。婴幼儿被火焰烧伤后，呼吸道受热力、烟雾等损伤，可引起呼吸困难，保育师应特别注意保持婴幼儿呼吸道畅通。如合并一氧化碳中毒，应将婴幼儿移至通风处，有条件的可给予婴幼儿高流量氧气或纯氧，也可适量口服淡盐水或烧伤饮料，安慰和鼓励婴幼儿保持情绪稳定，现场急救后，转送医院治疗。

婴幼儿被开水、热油等烫伤后应迅速脱离危险环境，保护创面，及时冷疗。治疗方法如下。

1）用流动清水充分淋洗烫伤处，冲洗 15～20 分钟，直至疼痛感明显缓解。

2）小心脱去创面外的衣物，必要时可用剪刀剪开。衣物紧贴创面时应暂时保留，切忌强行剥脱而损伤创面。

3）将创面继续浸泡于冷水中 30 分钟，进一步降低热度和减轻疼痛。但创面较大时，不应浸泡过久，以免延误治疗时机。

4）用干净敷料或布类覆盖创面，保护创面不再受到污染、损伤。切忌涂抹酱油、牙膏等非医用药品，避免刺激创面、加重伤情或增加感染机会等。

5）尽快送至医院，接受进一步检查和治疗。在转送时，保育师应注意保护婴幼儿的创面，勿使其受压。I 度烫伤需要保持创面清洁，无须特殊处理，能自行消退。烧伤的处理流程如图 4-8 所示。

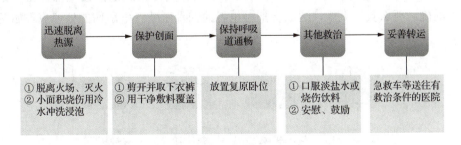

图 4-8　烧伤的处理流程

注意：

1）应迅速识别烧伤部位及程度，尽早展开施救。

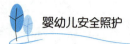

2）伤口须用干净的敷料或布类覆盖，无须包扎，避免因污染而导致感染，加重病情。

3）若在冲洗过程中患儿出现寒战，应立即停止冲洗，以避免其他不良情况发生。

4）禁止用冰块直接冷敷伤口，以免对伤口处皮肤造成损伤。

电烧伤是一种特殊的烧伤，受伤的婴幼儿可能出现精神紧张、接触部位肌肉收缩、头痛、头晕、心悸等症状。高压触电者常出现意识丧失、心搏和呼吸骤停，如复苏不及时可致死亡。幸存者可有定向力丧失症状。部分患者有心肌和心脏传导系统损伤、低血容量性休克和急性肾衰竭等后遗症。

动画　电烧伤的处理

1）低电压引起的电烧伤：伤口小，呈焦黄色或灰白色，直径 0.5 ～ 2 厘米，创面边缘规则整齐，呈椭圆形或圆形，与健康皮肤的界限清楚，创面干燥。低电压引起的电烧伤一般不损伤内脏，致残率低。

2）高电压引起的电烧伤：伤口面积大，可深达肌肉、血管、神经和骨骼，甚至使组织呈炭化状态。患者有时体表没有明显的伤口，但机体组织烧伤严重，有"口小底大，外浅内深"的特点。局部肌肉组织损伤、水肿、坏死，使肌肉筋膜下组织压力增加，出现神经血管受压体征，表现为脉搏减弱、痛感消失等。大肌群强直性收缩，可导致患者脊椎压缩性骨折或骨关节脱位。高电压引起的电烧伤致残率高。

保育师应争分夺秒地使触电的婴幼儿脱离电源。脱离电源的方法视具体情况而定，如迅速拉开电源、用绝缘竹竿挑开断落的低压电线等；如遇高压线断落，要迅速打电话通知供电局停电，停电后才能抢救。

脱离电源后，保育师应立即检查触电婴幼儿的伤情，并及时拨打 120 或 119，必要时在现场附近就地抢救，以免耽误抢救时间。

保育师抢救触电婴幼儿时应采用人工呼吸法和胸外按压法，按压部位必须准确。如果不准确，要么救生无望，要么会把触电者的胸骨压断。电烧伤的处理流程如图 4-9 所示。

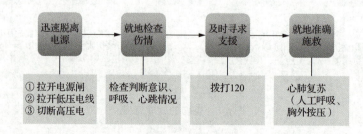

图 4-9　电烧伤的处理流程

注意：

1）保育师处理电源时，切记做好自我防护，避免被电烧伤。

2）处理电烧伤时，应注意观察婴幼儿有无其他损伤。如触电后弹离电源或自高空跌下，患者常并发颅脑外伤、血气胸、内脏破裂、四肢和骨盆骨折等。如有外伤、灼伤须同时处理。

（三）冻伤的处理

尽快使受伤的婴幼儿脱离寒冷环境，去除潮湿的衣服、鞋袜，尽早进行全身和局部复温。轻度冻伤者一般置于室温下，加盖被服保暖；冻伤较重者可置于30℃左右的暖室中；全身性冻僵的复温至肛温32℃时即可停止，能进食者可给予热饮料，如热牛奶、热豆浆、热菜汤等，但不可饮酒，以免增加散热。如无复温条件，可将患者放在救护者怀中复温，切忌用火烤、雪搓或拍打。对心跳、呼吸骤停者实施胸外心脏按压和人工呼吸、吸氧等急救措施。

复温后，根据冻伤的程度进行分类处理。对非冻结性冻伤，皮肤未破溃，可涂冻伤膏等，已破者可用抗生素软膏。做好皮肤清洁和保护，预防继发感染，可自愈。冻结性冻伤中的局部冻伤Ⅰ度保持创面清洁干燥；Ⅱ度创面复温后消毒，用软干纱布包扎或涂冻伤膏后暴露，保持创面清洁干燥；对于Ⅲ度冻伤和全身性冻伤及早尽快就医处理。

注意：

1）若衣物冻结不易解脱，可用40℃左右的温水使冰融化后脱下。

2）避免用力锤打冻伤部位或对肢体进行按摩。

3）禁止用温度过高的热水浸泡患肢，不要用篝火、汽车的发动机等干热方式来复温。

4）如果患者出现昏迷或晕厥，应立即呼救，拨打急救电话。

（四）咬伤的处理

1．犬咬伤的处理

（1）按暴露分级处理

动画 咬伤的处理

1）一级暴露：接触/喂养动物，或完好的皮肤被舔。无须处置。

2）二级暴露：裸露的皮肤被轻咬，或轻微抓伤/擦伤（无出血）。立即处理伤口并接种疫苗。

3）三级暴露：单处/多处贯穿性皮肤咬伤或抓伤，伴有出血；破损皮肤被舔；开放

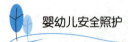
性伤口、黏膜被动物体液污染。立即处理伤口并注射被动免疫抑制剂，随后接种疫苗。

（2）伤口处理

1）用肥皂水（或其他弱碱性的清洁剂）与流动清水（或生理盐水）交替清洗伤口至少 15 分钟。

2）用碘伏消毒液（或酒精）消毒伤口。

3）由医生根据具体情况决定是否缝合伤口，伤口轻微时可不必缝合。

（3）注射被动免疫抑制剂

三级暴露者和须按照三级暴露处置的二级暴露者（仅限首次暴露者）必须注射抗狂犬病血清或狂犬病人免疫球蛋白。

（4）狂犬病疫苗接种

1）首次暴露后无禁忌证的暴露者，按药品说明书注射狂犬病疫苗。

2）再次暴露无须加量，6 个月内无须再次注射，注射疫苗后 1 年暴露的第 0、3 天各一剂，1 ～ 3 年暴露的第 0、3、7 天各一剂，注射疫苗 3 年以上的须重新全程接种。

保育师发现犬咬伤婴幼儿后应首先判断暴露级别，按流程处理婴幼儿的伤口，迅速送医院救治。犬咬伤的处理流程如图 4-10 所示。

图 4-10　犬咬伤的处理流程

注意：

1）按需要给予破伤风抗毒素或类毒素及适宜的抗菌药物。

2）狂犬病潜伏期与病毒的侵入数量和部位有密切关系，侵入数量越多，部位越靠近中枢系统，潜伏期越短。在不立即发病的情况下，切不可存在侥幸心理，一定要按要求注射狂犬病疫苗。

2. 蛇咬伤的处理

保育师应检查受伤婴幼儿局部伤口的形状、大小、深浅及伤口周围是否有红肿、出血、瘀斑、血疱等情况，是否迅速扩展、加剧；观察婴幼儿的全身情况，判断其是否有胸闷、头昏眼花、四肢乏力、呼吸困难甚至昏迷等症状。

动画　蛇咬伤的处理

保育师发现婴幼儿被蛇咬伤时，应立即打120，并在急救车到来之前，按照以下方法对婴幼儿进行施救。

（1）扎止血带

保育师应叮嘱婴幼儿减少活动，保持镇定，并保持患肢低垂，使伤口低于心脏水平位置；用止血带（避免用细绳或电线来代替止血带，以免勒伤皮肤）或宽5～10厘米的布条在伤口近心端扎紧，松紧度以插进一根手指为宜；包扎完成后须标注时间，为了防止肢体远端因血液循环阻断而发生组织坏死，应每隔15～20分钟放松止血带1～2分钟，待伤口处理好后20～30分钟方可解除。

（2）冲洗伤处

保育师应用大量生理盐水或清水持续冲洗婴幼儿被咬伤部位，直到急救人员赶到。如果伤口有毒牙残留，应及时挑出，并密切观察婴幼儿的意识、呼吸及脉搏等情况。

（3）安置体位

若婴幼儿意识不清，但呼吸及脉搏正常，则须将婴幼儿安置成平卧位，用背包或衣物将婴幼儿的头和胸部垫高20°～30°，下肢垫高15°～20°（若下肢被咬伤，禁止抬高下肢），以防止婴幼儿休克。保育师要注意为婴幼儿保暖，并将婴幼儿的头部偏向一侧，以防窒息。若婴幼儿意识不清，且呼吸及心跳停止，保育师应立即对其实施心肺复苏术。蛇咬伤的处理流程如图4-11所示。

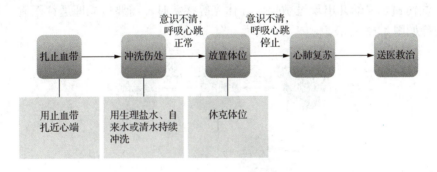

图4-11　蛇咬伤的处理流程

注意：

1）禁止用嘴吸吮咬伤处的毒液，可用吸奶器或者拔火罐反复吸出毒液。

2）当毒蛇与无毒蛇不易鉴别时，均按照毒蛇咬伤处理。

3）被蛇咬伤后，尽量减少运动，避免血液循环加速。

4）就医时尽量携带蛇标本或相关信息，如颜色、花纹、形状等。

3．蜇伤的处理

受伤的部位一般是暴露的皮肤及组织，如头部、面部、手背、小腿等部位。被蜜蜂蜇伤者局部反应较轻，表现为皮肤局部灼痛、红肿，刺点的中心可见一个黑色小点，即为残留的蜂刺，可引起局部化脓。被蜂蜇伤较轻者只是伤口红肿、疼痛，伤重者有气喘、呼吸困难等症状。被蝎蜇伤者皮肤局部立即疼痛，溶血性毒素引起明显的水肿性红斑、水疱或瘀斑、坏死，甚至引起淋巴管炎或淋巴结

动画　蜇伤等咬伤的处理

炎；神经性毒素作用于中枢神经系统和心血管系统，使被蜇伤者出现不同程度的全身症状，如头痛、头晕、恶心、呕吐、流涎、心悸、嗜睡、喉头水肿等，甚至因呼吸系统麻痹而死亡。

面对蜇伤，保育师应检查婴幼儿蜇伤处，首先取出婴幼儿身上的蜂刺，若有毒刺折断，则可用小针挑拨或用胶布迅速沿着毒刺的反方向将蜂刺取出，或用镊子拔出断刺。在取出毒针前不能挤压患处，以防更多毒素注入伤口。蜜蜂、蝎子、蜈蚣、褐边绿刺蛾幼虫毒液为酸性，保育师可为婴幼儿伤处涂弱碱性溶液，如氨水、碳酸氢钠溶液、肥皂水、淡石灰水等。黄蜂毒液为碱性，保育师可为婴幼儿伤处涂抹弱酸性溶液，如食醋、醋酸等。

治疗局部蜇伤较重的婴幼儿，保育师可用吸奶器等吸出毒液，再用酸性或碱性的溶液清洗伤口。婴幼儿出现过敏反应、休克等症状时，需要被立即送往医院。蜇伤的处理流程如图4-12所示。

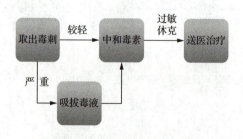

图4-12　蜇伤的处理流程

被蜂蜇后，不可挤、抓、挠伤口，以免毒液扩散和皮肤感染。不要用花露水，因为其不仅没有消炎作用，还会刺激伤口。被群蜂围攻时，千万不要急速逃跑，应取蹲位护住头面部，等待蜂群自行飞走。注意观察婴幼儿的生命体征，发现蜇伤严重的婴幼儿应立即送医救治。

4. 其他类咬伤

婴幼儿被蚊虫叮咬后，可用碘伏消毒液涂抹伤口，或者在医生的指导下使用炉甘石洗剂清洗伤口，能起到消毒、抗菌、止痒的作用。

此外，对于婴幼儿之间的抓、咬伤，保育师要重视，按照止血、消毒、包扎的流程进行处理。如果婴幼儿伤情严重，则须送医治疗，必要时给婴幼儿注射破伤风抗毒素、服药。

注意：

1）无论是哪种咬伤，保育师都要高度重视，以免错失救治时机。

2）无法判断婴幼儿伤情轻重时，请医生诊断。

3）要在安全预案中明确标出离托幼园所最近的有救治能力的医院及联系方式。送医救治时，在保证安全的情况下，选择最快的方式。

（五）工作中应注意的问题

1）处理动作要熟练、轻柔、适度，既能减少伤口感染的概率，又能避免不必要的伤害。

2）要及时安抚婴幼儿的情绪，避免带来更大的伤害。

3）若婴幼儿的伤口较深，有刺入物，则不宜立即拔出，以免加重出血或造成二次损伤。

4）若婴幼儿被带锈的钉子、刀子伤害，应尽快为其注射破伤风抗毒素。

5）及时与家长或监护者进行沟通，缓解婴幼儿紧张焦虑的情绪。

6）施救时，注意自我保护，避免触电、被动物咬伤等伤害的发生。

模拟托幼园所烫伤的处理过程，小组讨论互评，说明模拟中存在的问题和解决的办法。

二、中毒处理

（一）食物中毒的处理

食物中毒不会在人与人之间直接传染，一般具有暴发性、同源性、同发性、季节性、无传染性等特征。胃肠炎型食物中毒以恶心、呕吐、腹痛、腹泻为典型症状，往往伴有发热，吐泻严重的患者还会发生脱水、酸中毒，甚至休克、昏迷等症状。与之

相反，肉毒梭菌食物中毒以运动神经麻痹为典型症状，以眼肌和咽肌瘫痪为主，胃肠道症状少见。

暴发性食物中毒发病潜伏期短，一般由几分钟到几小时，食入有毒食物后于短时间内出现一批患者，来势凶猛，很快形成高峰，呈暴发流行状态；同源性和同发性食物中毒则与食用某种相同食物有明显关系，几乎同时出现相似症状，且多以急性胃肠道疾病为主；季节性食物中毒夏秋季表现为细菌性中毒和有毒动植物食物中毒，冬春季表现为肉毒中毒和亚硝酸盐中毒等。

保育师解读

胃肠炎型毒蕈中毒表现

引起胃肠炎类型中毒的毒蕈有红菇属、乳菇属、粉褶蕈属、黑伞蕈属、白菇属和牛肝蕈属中的一些植物，其中以红菇属引起的食物中毒国内报道最多。有毒物质可能为类树脂、甲醛类的化合物，对胃肠道有刺激作用，潜伏期一般为半小时至6 小时，多在食后 2 小时左右发病，最短仅 10 分钟。主要症状为剧烈恶心、呕吐，阵发性腹痛，有的呈绞痛，剧烈腹泻，水样便，腹泻每日可多达 10 余次，不发热。该型中毒病程较短，经过对症处理可迅速恢复，一般病程为 2～3 天，预后良好，死亡率低。

食物中毒紧急救护过程如下。

1）催吐。如果婴幼儿中毒不久（通常在食入毒物 1～2 小时内），且无明显呕吐症状，可采用催吐的方法，催吐越及时，对婴幼儿越有利。保育师可用筷子、汤勺等，利用手边可用催吐的东西刺激婴幼儿咽部，引起其呕吐，然后让婴幼儿喝温水或盐水，须反复催吐，直至吐出的液体变清为止。同时可以让婴幼儿喝一些盐水，这样做有补充水分和洗胃的作用。特别是在野外误吃了有毒的蘑菇时，要第一时间催吐。此法不适用于神志不清的中毒婴幼儿。

2）保护胃黏膜。让中毒婴幼儿喝牛奶、豆浆、蛋清、米汤等，以保护胃黏膜，减少机体对有毒物质的吸收。

3）收集毒物。厨房内食品均应保留样品，尽可能收集疑似毒物及婴幼儿的呕吐物，方便医生化验和查明原因，鉴定毒物并治疗。

4）及时就医。上述措施结束后应及时将婴幼儿送往医院救治。食物中毒的处理流程如图 4-13 所示。

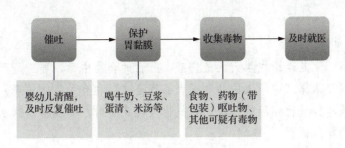

图 4-13 食物中毒的处理流程

注意：

1）对失去意识的婴幼儿不能催吐，避免呕吐物被吸入气道，造成窒息。

2）在发生食物中毒后，留取第一份标本送检，便于医学观察与取证。如果无法取得样本，也可保留婴幼儿的呕吐物和排泄物。

在食物中毒发生后，保育师面临对患者、有毒食品、中毒场所和责任的处理问题，进行各项处理的目的是防止危害进一步扩大，也是为了预防今后类似食物中毒的发生。这是一项技术性、政策性很强的工作，其处理原则包括以下四个方面。

1．对患者的处理

对患者要采取紧急处理，并及时报告当地卫生行政部门。具体处理包括：①停止食用有毒食品；②采集患者的标本，以备送检；③对患者进行治疗，主要包括紧急救护（催吐、洗胃和灌肠）、对症治疗和特殊治疗。

2．对有毒食品的处理

有毒食品可能剩余很少，也可能很多。具体处理包括：①保护现场，封存有毒食品或疑似有毒食品；②追回已售出的有毒食品或疑似有毒食品；③对有毒食品进行无害化处理或销毁。

3．对中毒场所的处理

要根据不同的有毒食品，对中毒场所采取相应的消毒措施。具体处理包括：①接触过有毒食品的炊具、食具、容器和设备等，应予以煮沸、蒸汽消毒，或用热碱水、0.2%～0.5%浓度的漂白粉溶液浸泡擦洗；②对患者的排泄物用20%浓度的石灰乳或漂白粉溶液消毒；③对中毒环境或现场，在必要时进行室内外彻底的卫生清理，以0.5%浓度的漂白粉溶液冲刷地面。属于化学性食物中毒的，对包装有毒化学物质的容器应销毁或改作非食用用具。

4．责任处理

食物中毒，尤其是造成重大人员伤残、死亡的食物中毒，要进行严肃的法律责任处理。政府要依据《中华人民共和国食品安全法》和有关具体法规，对造成食物中毒的个人或单位进行相应的处理。在提出处理意见时，要严格依据法律法规条文并有充分的科学依据。

（二）一氧化碳中毒的处理

婴幼儿一氧化碳中毒后短时间内表现为头痛、眩晕、心悸、恶心、呕吐、四肢无力，甚至出现短暂的晕厥，一般神志较为清醒。如果婴幼儿一氧化碳中毒时间稍长，其在轻度症状的基础上可能出现虚脱或昏迷，皮肤和黏膜呈现一氧化碳中毒特有的樱桃红色，如抢救及时可迅速清醒，数天内完全恢复，一般无后遗症。如果发现时间过晚，吸入煤气过多，或在短时间内吸入高浓度的一氧化碳，婴幼儿就会深度昏迷，各种反射消失，大小便失禁，四肢厥冷，血压下降，呼吸急促，甚至很快死亡。一般昏迷时间越长，预后越严重，常留有痴呆、记忆力和理解力减退、肢体瘫痪等后遗症。一氧化碳中毒的现场具体救护过程如下。

1）保育师匍匐进入现场，立即打开门窗通风。

2）迅速把中毒婴幼儿抬离中毒现场，转移到通风保暖处平卧，松开其衣领、腰带。

3）给中毒婴幼儿保暖，严重者速送医院急救。

4）如婴幼儿呼吸、心跳已停止，立即进行口对口人工呼吸和胸外心脏按压，并拨打 120。一氧化碳中毒的处理流程如图 4-14 所示。

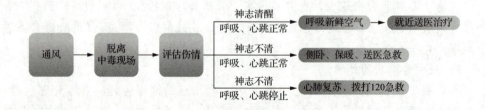

图 4-14　一氧化碳中毒的处理流程

（三）工作中应注意的问题

1）必须尽快抢救中毒婴幼儿，不管中毒轻重，都要分秒必争。要立即将中毒婴幼儿送往医院，抢救治疗越早越好。

2）发生食物中毒应立即向发生地的食品安全监督管理部门、卫生行政部门报告。

3）给婴幼儿灌醋、喝酸菜汤都不能解除一氧化碳中毒，反而会延误时间；让婴幼儿受冻也不能解除一氧化碳中毒，反而容易使其受凉，加重病情。

4）多名婴幼儿同时中毒时，要有专人组织现场施救，避免因混乱延误施救，造成更大的伤害。

练一练

分角色模拟演练托幼园所食物中毒的急救过程。

三、窒息处理

（一）溺水的处理

溺水是在婴幼儿中常见的意外事故，溺亡在婴幼儿意外事故中占有重大比例。婴幼儿溺水后短时间内会发生咽喉、气管反射性痉挛性堵塞呼吸道的情况，这称为干性溺水。水直接进入气管和肺里会导致缺氧窒息，这称为湿性溺水。溺水是突发的，不会有任何征兆，溺水的过程很快，溺水婴幼儿会很快因呼吸、心跳停止而死亡。因此，要争分夺秒抢救溺水婴幼儿。现场具体救护过程如下。

1）以最快的速度从婴幼儿的背部将其托起，使其面部露出水面，然后将其抱上岸（专业救援人员可边吹气边上岸）。

2）如果婴幼儿呼吸基本正常，肤色变化不大，脉搏能维持正常，表示其淹溺程度不严重，应尽量使其保持侧卧复原体位，头部下垂一边，将水自动排出，不要向其胸部施加压力，以免影响呼吸，不建议控水。注意保暖，用干毯子包裹婴幼儿的身体，立即送医院或及时拨打120。

3）如果婴幼儿有心跳但不能正常呼吸，立即用手指清除其口鼻里的堵塞物，使其保持气道通畅。当婴幼儿的气道被固体物完全堵塞时，立即采用气道异物堵塞的处理方法。

4）如果发现婴幼儿呼吸、心跳停止，应立即将婴幼儿平放在地上，施以心肺复苏术。溺水的处理流程如图4-15所示。

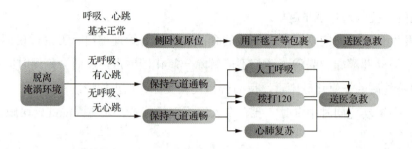

图 4-15　溺水的处理流程

保育师解读

溺水抢救的黄金时间

在通常情况下，心搏骤停 4～6 分钟，会对脑组织造成永久性损害；心搏骤停大于 10 分钟，会造成脑死亡。所以，长时间的溺水会使溺水者的呼吸、心跳停止，导致脑部缺氧，严重的甚至会发生脑死亡，这一伤害是不可逆转的。

（二）意外窒息的处理

窒息是在婴幼儿中常见的意外事故，婴幼儿好奇心重，在玩耍时可能将小物品，如豆类、瓜子、别针、纽扣、塑料小玩具、硬币等塞入鼻腔、外耳道或口内，从而引起这些部位的堵塞。另外，呼吸道异物则多见于婴幼儿将果冻、瓜子、花生等放入口中，因哭闹、嬉笑或突然的惊吓而引起深吸气，导致异物进入呼吸道；也有因保育师喂药不当而引起的。意外窒息的现场具体救护办法如下。

动画　意外窒息的处理

1．去除诱因

异物进入气管，最初可引起连续刺激性咳嗽，继而出现呼吸困难，可引起婴幼儿的窒息死亡。保育师应立即用力拍打婴幼儿的后背，借助震动，使异物滑入其左右一侧支气管内，缓解呼吸困难，以便争取抢救时间，迅速将其送往医院。

因塑料袋套头、较大物体堵住口鼻等导致的窒息，应立即去除这些物品，进行检查。如果婴幼儿有呼吸、脉搏，则保持空气流通，密切观察，若出现异常则立即进行施救。如果婴幼儿有心跳，无呼吸，则立即进行人工呼吸；若无呼吸，无心跳，则立即进行心肺复苏。

2. 分情况处理

年龄较小的婴幼儿在吃饭或做游戏时，如果突然有异物进入气管，则可施行海姆立克急救法。

如果婴幼儿自己尚能发音、说话、呼吸或咳嗽，说明气道部分阻塞，气体交换充足。此时应尽量鼓励婴幼儿尽力呼吸和自行咳嗽，部分婴幼儿可咳出异物。如果不能咳出，应立即就医。

如果婴幼儿已发生部分气道阻塞，但通气不良或完全阻塞，保育师要迅速取坐位或单膝跪地，将婴幼儿骑跨并俯卧于施救者一侧手臂上，头低于躯干，用一手握住其下颌，固定其头部，将其胳膊放在施救人员的大腿上，用另一只手的掌根部向前下方，用力拍击婴幼儿两肩胛骨之间的背部 5 次，每秒 1 次，使气道内压骤然升高，有助于异物松动和排出。然后用手固定婴幼儿的头颈部，两前臂夹住婴幼儿的躯干，小心翻转成仰卧位，翻转过程中保持婴幼儿的头部低于其躯干。检查有无异物排出，如果未发现异物，立即用食指和中指快速冲击性按压婴幼儿两乳头连线正下方 5 次。每秒 1 次，反复交替以上两个操作步骤，直到异物排出。对于 1 岁以上能够站立的婴幼儿可采取站位施救。

如果婴幼儿神志不清，应立即使婴幼儿取仰卧位，用抬头举颏法打开其呼吸道，随即给予 5 次拍背和 5 次压胸，同时可开始用手指清除异物。若异物清除成功，呼吸道畅通，则进行人工呼吸，待自主呼吸恢复后再转送医院；若失败，则反复重复拍背、按压胸部，直到取出异物。若无呼吸现象，则先将异物排出，再施行心肺复苏。意外窒息的处理流程如图 4-16 所示。

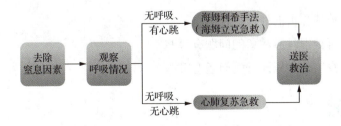

图 4-16　意外窒息的处理流程

（三）工作中应注意的问题

1）尽快判断婴幼儿的窒息情况，以免耽误心肺复苏时间；动作规范，避免对婴幼儿造成不必要的伤害；按压中断时间尽量减少到 10 秒以内；及时与家长或监护者进行沟通，缓解其焦虑情绪。

2）婴幼儿溺水时不要控水，因大多数溺水者只吸入少量的水，并且很快被吸收进入血液循环，不会对气管形成堵塞，因此清理婴幼儿气道中的水没有必要。用传统的控水方法按压婴幼儿的腹部，可能会导致其因胃食管反流而误吸，增加吸入性窒息的风险。

3）无论哪种窒息，都要先判断病情，如需要，立即指定身边一人拨打急救电话，同时开始施救。根据现场情况，若具备边施救边就医的条件，可边送医边施救；若不具备，应持续施救，等待救援。

4）边施救边观察，及时发现病情变化，以提高施救成功率。

分角色模拟演练婴幼儿溺水窒息的急救过程。

一、填空题

1. 常见伤害处理的原则有 _____、_____、_____。

2. 黄蜂液为 _____，可用弱酸性溶液如食醋、醋酸等中和。

3. 食物中毒紧急救护过程有 _____、_____、_____、_____。

二、简答题

1. 简述开放性骨折的处理流程。

2. 食物中毒处理时应注意的问题有哪些？

3. 预防窒息工作中应注意的问题有哪些？

将托幼园所各类型伤害的处理流程填入表 4-2。

表 4-2　伤害处理流程表

伤害	处理流程
擦伤	
刺伤	
切割伤	
局部软组织损伤	
关节扭伤	
头皮血肿	
关节脱位	
骨折	
烧伤	
电烧伤	
冻伤	
犬咬伤	
蛇咬伤	
蜇伤	
食物中毒	
一氧化碳中毒	
溺水	
意外窒息	

婴幼儿异物误入的处理

1. 鼻腔异物

（1）原因和症状

婴幼儿鼻腔有异物，多因其好奇或玩耍时将豆类、纽扣、塑料小玩具、纸团、棉

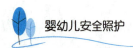

球等塞入鼻腔内，或因小昆虫突然飞进其鼻腔内所致。婴幼儿将异物塞入鼻腔后，自己取不出来，又怕受责备，不敢告诉家长。当家长发现婴幼儿一侧鼻腔有异味时才注意到。

婴幼儿鼻腔误入异物的危害

植物性异物，如豆类，或纸团等，放入鼻孔内，吸收水分发生腐败，产生臭味，导致婴幼儿经常流鼻涕并带血。

金属异物或塑料玩具等进入婴幼儿的鼻腔，可导致其一侧鼻孔不通气或通气不好，长期刺激可使婴幼儿的鼻腔产生脓涕甚至炎症。

（2）处理

可嘱咐婴幼儿用手紧按无异物的鼻孔，用力擤，使异物排出。如果年龄小的婴幼儿不合作，保育师可用纸捻刺激其鼻黏膜，使其打喷嚏将异物排出。但若异物进入婴幼儿的鼻腔时间长，用上述方法无法排出，保育师不要自行挖取，应去医院取出异物。

2．耳部异物

（1）原因和症状

婴幼儿耳部有异物，多见于婴幼儿玩耍时将异物置入耳内，或因婴幼儿互相嬉闹将异物放在对方耳内。异物多为豆类、纽扣、珠子、塑料小玩具等，还有动物性异物，如蚊子、飞虫、苍蝇等昆虫突然飞进或爬进耳内。耳部异物常引起耳鸣、耳痛、有异物感。动物性异物会因动物爬动刺激鼓膜而引起疼痛；植物性异物遇水膨胀后，可引发感染，引起外耳道炎。体积大的异物会影响听力并引起反射性咳嗽等。

（2）处理

1）植物性异物：体积较小的，可让婴幼儿的头歪向有异物的一侧，单脚跳，使其自行脱落。

2）动物性异物：可用手电筒放在耳边诱导昆虫自行爬出。如果效果不好，应去医院取出。

3）体积大的异物：送婴幼儿去医院取出。

3．眼异物

（1）原因和症状

常见的眼异物为灰尘、砂土等，会引起流泪、不适、异物感。异物嵌入角膜时，刺激疼痛症状更为严重。

（2）处理

1）千万不要让婴幼儿用手揉眼睛，以免擦伤角膜。保育师应立即用生理盐水为其冲洗眼睛，再滴眼药水，将异物冲出；也可翻开其眼睑用消毒棉签蘸生理盐水或冷开水，拭去异物。

2）在异物嵌入角膜时，保育师应立即送婴幼儿去医院处理。

4．咽喉部异物

（1）原因和症状

咽喉部常见异物为鱼骨刺、肉骨、糖块、枣核、硬币、纽扣、塑料小玩具等。异物停留在咽喉、扁桃体上，可使婴幼儿出现不能进食、吞咽疼痛等症状。

（2）处理

1）细小的鱼骨刺进入婴幼儿咽喉部可尝试用镊子取出。如果骨刺粗大或为其他异物，须将婴幼儿送医院取出。不能随意让婴幼儿吃饭团或馒头强行把异物带下去，这样不仅不会生效，还会把异物推向深处，给治疗带来困难。

2）较大的异物嵌在咽喉部，可造成呼吸困难、急性喉梗阻，从而引起婴幼儿窒息。发现婴幼儿有声音嘶哑、呼吸困难现象，保育师应立即将婴幼儿抱起，用手拍背，使异物咳出或改变位置，并急送医院处理。

5．食管、胃异物

（1）原因和症状

食管、胃异物主要是婴幼儿玩耍时将玻璃球、纽扣、别针、塑料小玩具和硬币等放入口中误吞，或饮食时不慎将杏核、枣核等吞入食管或胃内。如果异物过大，会嵌顿于食管入口下方第一个狭窄部。一般异物如果能顺利通过食管下方第一个狭窄部，则可通过全部消化道，由肛门排出。如果婴幼儿误吞别针样长形异物，则不易通过十二指肠的弯曲部，会引起嵌顿，甚至刺入肠壁。

婴幼儿食管有异物表现为哽噎、吞咽困难、疼痛。如果是大的异物，可向前压迫婴幼儿的气管，引起呛咳和呼吸困难。如果尖锐异物滞留在主动脉弓水平或气管分叉处，与大血管相近，穿过食管刺入大血管，将会引起大出血，危及婴幼儿的生命。如果异物较大或带尖角，不能通过幽门，就会引起幽门梗阻，或进入肠道，引起肠梗阻

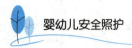

及肠穿孔等严重后果。

（2）处理

1）如果异物较小，表面光滑，就能通过食管。婴幼儿可进食大量韭菜、芹菜、菠菜等多纤维食物，促使异物随大便排出。保育师要连续观察婴幼儿3天的大便是否有异物排出。

2）婴幼儿体内有停留在食道或嵌顿在狭窄部位的异物时，保育师应立即将其送往医院用食管镜取出异物。如果异物是体积较大的食物，如包子、馒头或棉球等，切勿让婴幼儿饮水，以免膨胀压迫气管，引起呼吸困难而危及生命。

3）婴幼儿的胃、肠道存在异物时，保育师应及时将其送往医院做进一步检查，严重的须通过做手术取出异物。

任务总结与反思

1）托幼园所常见伤害的处理工作包括哪些方面？

2）处理各类伤害的具体要求有哪些？

项目五　托幼园所突发安全事件的应对

项目简介

突发事件是指突然发生的，造成或可能造成重大人员伤亡、财产损失的，危及公共安全的紧急事件。托幼园所突发事件就是发生在园内外，给园所全体或个人带来危害的事件，如地震、火灾、水灾、台风、践踏、突发暴力事件等。托幼园所的安全关系到每个婴幼儿的生命安全和每个家庭的安宁。突发安全事件会给婴幼儿的身体或心理造成不同程度的伤害。因此，只有做好突发事件发生前的紧急预案，学习突发事件发生时和发生后的应对措施，才能把伤害和损失降到最低程度。

任务一　自然灾害的应对

任务导入

2016年6月23日，龙卷风突袭江苏省盐城市阜宁县新沟镇，计桥幼儿园3层教学楼被掀掉房顶，围墙被刮倒，二三十厘米粗的杨树被折断，秋千架等设施散落在院子里，多间教室的门窗被吹掉。在此次龙卷风中，6名教师用身体堵住支离破碎的教室门，护住了班上的幼儿。在120名幼儿中仅有7人受伤，这6名教师均不同程度地受伤。

自然灾害是自然环境所发生的不可避免的安全危害事件。发生地震、洪水、台风、极端天气等不可抗拒的灾难时，托幼园所的一切工作重点就是保证婴幼儿的生命安全。作为保育师，如何应对自然灾害、保证婴幼儿的安全呢？

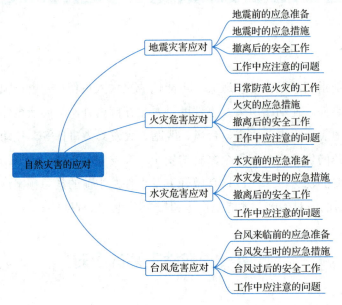

自然灾害的应对
- 地震灾害应对
  - 地震前的应急准备
  - 地震时的应急措施
  - 撤离后的安全工作
  - 工作中应注意的问题
- 火灾危害应对
  - 日常防范火灾的工作
  - 火灾的应急措施
  - 撤离后的安全工作
  - 工作中应注意的问题
- 水灾危害应对
  - 水灾前的应急准备
  - 水灾发生时的应急措施
  - 撤离后的安全工作
  - 工作中应注意的问题
- 台风危害应对
  - 台风来临前的应急准备
  - 台风发生时的应急措施
  - 台风过后的安全工作
  - 工作中应注意的问题

※ **知识目标**

1）知道托幼园所应对突发地震、火灾、水灾、台风等自然灾害的重要性。

2）掌握托幼园所应对突发地震、火灾、水灾、台风等自然灾害的主要工作内容。

※ **能力目标**

1）明确托幼园所应对突发地震、火灾、水灾、台风等自然灾害的主要工作流程。

2）模拟托幼园所发生突发地震、火灾、水灾、台风等自然灾害时的应对工作。

※ **素质目标**

1）加强自身安全教育，提高安全责任意识。

2）遵循儿童生命高于一切的原则，机智应对突发自然灾害。

一、地震灾害应对

地震是突发的自然灾害，破坏性极强，同时也给婴幼儿的生命和健康带来了严重的威胁，所以做好地震来临时的应对工作尤为重要，也对保育师提出了更高的安全工作要求。保育师应掌握突发地震灾害时的安全应对工作，重视其重要性，掌握其工作要点，并能模拟应对地震灾害的安全工作。

（一）地震前的应急准备

1. 学习和熟悉地震灾害的应急预案

1）保育师及托幼园所所有工作人员应学习和掌握本托幼园所地震灾害应急预案，掌握地震应急工作的原则。

2）所有人员要本着快速反应、临危不乱、安全有效、生命至上的基本原则，知道本托幼园所各部门及应急小组的基本安全工作职责，同时明确自己班级内人员应急的职责和工作要求。

3）制订本班的地震逃生预案，掌握自己班级及整个托幼园所的人员疏散方案、逃生路线和托幼园所环境，明确地震来临时的逃生方法和地点。

4）制订周密的本班地震逃生计划和抗震物资准备计划，确保物资准备充足，满足本班婴幼儿的使用需求。

2. 定期检查园所环境及物资

1）保育师应定期检查抗震物资准备情况，以保证地震来临时物资充足。

2）保育师应对班级周围环境进行全面的检查，对影响逃生的摆设、玩具等进行及时的清理。

3）保育师应加强对易燃易爆的物品及有害的化学物品的管理和清查，加强检查班级里的电器等重要设备，以防逃生时出现漏电等意外。

4）保育师应检查班级里的桌子、椅子、柜子等家具的稳定性和坚固性，以便在无法逃生时躲在坚固的家具下。

5）保育师应加强班级内值班制度，做到时时有人，确保通信畅通，及时掌握情况。

全国防灾减灾日

全国防灾减灾日是经国务院批准而设立的，自 2009 年起，每年 5 月 12 日为全国防灾减灾日。全面防灾减灾日的设立，一方面顺应社会各界对中国防灾减灾关注的诉求；另一方面提醒国民"前事不忘，后事之师"，要重视防灾减灾，努力减少灾害造成的损失。

全国防灾减灾日的图标（图 5-1）以彩虹、伞、人为基本元素；雨后天晴的彩虹寓意美好、未来和希望；伞的弧形寓意保护、呵护之意；两个人代表一男一女、一老一少，两人相握之手与下面的两个人的腿共同构成一个"众"字，寓意大家携手、众志成城、共同防灾减灾。整个标识体现出积极向上的思想和保障人民群众生命财产安全之意。

图 5-1 防灾减灾日的图标

3. 定期进行模拟演练

1）保育师应按照地震逃生预案，配合托幼园所进行地震逃生演练，做到真模拟、真练习，确保意外发生时快速有序逃生。

2）保育师也可在自己班级里定期开展一系列地震模拟演练和基本的教育活动，保证婴幼儿在地震逃生时、逃生后的心理安全。

4. 做好自身与家长的思想稳定工作

1）保育师应加强自身地震逃生安全教育，做好自我心理建设，不慌乱，要镇静，使自身具备辨别地震信息真假的能力，不散播地震谣言。

2）保育师日常应对婴幼儿进行防震教育，从各领域教育活动中渗透防震知识，帮助婴幼儿消除地震带来的恐慌。

3）开展家长活动日等交流活动时，保育师应有计划有目的地对家长进行基本的防震知识普及，介绍托幼园所的防震基本方案，做好家长的思想稳定工作。

（二）地震时的应急措施

1．教室内婴幼儿紧急避险与疏散工作

发生地震时，保育师要保持镇静，立刻停止所有活动和工作，按照应急预案进行紧急避险。对在教室内的婴幼儿，保育师应立即组织其就近避险。保育师应配合班主任组织婴幼儿将身体缩成一团，使其迅速抱头闭眼，躲在自己的小课桌下，注意提醒婴幼儿不要靠墙进行躲避。同时，保育师要查清楚婴幼儿人数。地震时如果婴幼儿在睡觉，保育师应立即叫醒婴幼儿就地避险，可以让其躲在床下，也可以要求婴幼儿用枕头护住自己的头部，蜷缩身体蹲下。

如果地震引起了火灾和浓烟，保育师要提醒婴幼儿用湿的毛巾、衣物或手捂住口鼻，尽量低下身子，学走鸭步，并带领婴幼儿到逆风方向躲避。

主震结束后，为防止有较强余震发生，保育师需要组织婴幼儿进行有秩序的疏散。在疏散过程中，保育师要分散在队伍的前、中、后部分，确保每个婴幼儿都能跟随。保育师应组织婴幼儿双手护头、靠右侧快速有序撤离，提醒婴幼儿不要拥挤，按顺序从就近楼梯下楼，集结到操场上。

2．教室外婴幼儿紧急避险与疏散工作

发生地震时，如果在操场或室外，保育师应配合班主任带领婴幼儿转移到紧急预案中的空旷位置，组织婴幼儿原地蹲下并护住自己的头部，注意避开围墙或电线杆等危险物，保护婴幼儿，不允许其离开避险位置。

活命三角区是指地震发生时，室内的人应该躲在大而坚固的物体如柜子及沙发旁边，这样墙体和屋梁倒下后可与该物体形成一个三角空间，躲在里面会相对安全。除了活命三角区，还可以利用坚固的桌子作为掩体，防止被砸伤。一般小震时，防砸伤，找掩蔽物；大震时，防压伤，寻找活命三角区。

避震安全歌

大地晃，桌椅摇，地震危险躲再逃。

披着被子遮住头，蹲在床边把空留。

幼儿园，学校里，两课桌间找安全。

挨着窗户塌得快，玻璃碎了扎小手。

抬头看看啥危险，不坐电梯下楼梯。

小孩大人排成队，顺着右边有序走。

出了屋门找草坪，两楼中间莫停留。

万一被压别慌张，保存力气不哭喊。

砖头敲墙一二三，等待救助要时间。

伤口流血要按压，掐在上头不松手。

全身疼痛不乱动，头要抬高背要挺。

哼哼儿歌想爸妈，大手会把小手拉。

等待救援叔叔来，明天一定会更好。

3. 应急撤离时应注意的问题

1）保育师要按照紧急预案有序带领婴幼儿进行避险与撤离，不得擅自离开工作岗位。

2）在疏散过程中，保育师要确保婴幼儿用手护住头部，以免发生震荡时被掉落物品砸伤头部。

3）在疏散过程中，保育师要带领婴幼儿有序地、快速地前进，不要拥挤，不要掉队，以免发生碰撞和踩伤。保育师要时刻清点班级人数。

4）到达空旷集合地点后，保育师要确保婴幼儿蹲下，保护好自己的头部。

（三）撤离后的安全工作

1）保育师应立即清点班级婴幼儿人数，向园长、应急小组负责人报告。

2）保育师应检查婴幼儿是否受伤，如果有婴幼儿受伤，立即采用紧急处理技术，并找到保健医生进行处理，同时通知家长。

3）保育师应及时在微信群、QQ群里通知家长，说明婴幼儿已撤离到安全地点，让家长放心。

正确的避险姿势

正确的避险姿势为用一只手保护眼睛，另一只手用力抓紧桌腿。在墙角躲避时，双手交叉放在脖子处，或者可以选用书包等物体保护自己的头部与颈部。在卧倒或蹲下时，可以采用以下姿势：脸朝下，头近墙，两只胳膊在额前交叉，双手交叉握臂，前额枕在臂上，闭上眼睛和嘴，用鼻子呼吸。

（四）工作中应注意的问题

1）提前准备，防患于未然。
2）保持镇定，临危不乱。
3）就近避险，快速疏散。
4）整体管理，避免疏漏。
5）清点人数，个别照护。
6）通知家长，及时上报。

根据所学知识，在表 5-1 中列出保育师在应对地震灾害时的工作项目。

表 5-1　应对地震灾害工作表

项目	工作内容	工作要求	应注意的问题
地震前的应急准备			
地震时的应急措施			
撤离后的安全工作			

二、火灾危害应对

火灾是时间上或空间上失去控制的燃烧所造成的灾害，在各种灾害中，火灾是最常见、最普遍的威胁公众安全和社会发展的主要灾害之一。保育师应掌握发生火灾时的安全应对工作，重视其重要性，掌握其工作要点，并能模拟应对火灾的基本安全工作。

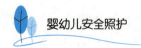

婴幼儿安全照护

（一）日常防范火灾的工作

1. 学习和熟悉火灾的应急预案

1）学习和熟悉本托幼园所火灾应急预案，熟悉基本的逃生技巧。

2）明确自己在火灾来临时的工作职责。引导婴幼儿疏散，同时明确自己班级内人员应急的职责和工作。

3）了解托幼园所报警设施和广播设施等的所在地。

4）熟悉托幼园所或本班房屋装修材料的基本材质。

5）制订本班火灾逃生预案，掌握自己班级及整个托幼园所的人员疏散方案、逃生路线，熟悉托幼园所环境，明确火灾来临时逃生的方法和地点。

托幼园所火灾隐患

托幼园所中的易燃物较多，容易引发火灾。活动室、寝室一般有可燃材料装饰。桌椅、床铺、窗帘、玩具等可燃物较多。托幼园所大部分的常用物品，如衣服、被褥等，摆设在婴幼儿寝室里。这些易燃物品的存在，为火势的蔓延提供了媒介。有些乡村里的托幼园所存在冬天用炭火取暖、夏天燃蚊香等情况，极易引起火灾。一旦发生火灾，火势会迅速发展，在短时间内就会形成一定规模的火灾。

2. 定期检查园所环境及物资

1）定期检查防火设施是否正常，检查托幼园所绿色通道标志是否明显。

2）定期检查自己班级的紧急疏散图是否完好、准确。

3）定期检查班级及托幼园所的应急灯是否能够正常使用。

4）落实自己班级的防火责任区，做好防范工作。

5）在托幼园所活动中，要确保活动室前后门等处于打开状态，保证走廊等通道畅通。

6）加强对易燃易爆的物品及有害的化学物品的管理和清查。

7）加强对班级里的电器等重要设备的检查，检查是否有电路老化、用火用电不慎等情况。

保育师解读

如何加强托幼园所火源防控管理

采用人防、物防、技防技术对引火源进行监管，禁止打火机等火源入园，对厨房火源及电气设备使用区域进行监控、监护管理；电气设施做好接地，保证其绝缘良好，严禁电线裸露，配置短路、漏电、浪涌等保护装置；婴幼儿用房及婴幼儿游乐厅等儿童活动场所严禁使用明火取暖和明火照明；大型托幼园所在二层及以上各层的疏散楼梯间的相邻部位加设避难间，按核定人数配备简易防毒面具。

3．定期进行模拟演练

1）保育师要参加防火安全知识的培训，对婴幼儿进行防火逃生等内容的安全教育。

2）保育师应该学会使用灭火器。

3）保育师应经常进行防火演练，指导婴幼儿学习紧急情况下的逃生技巧，保证婴幼儿在逃生时、逃生后的心理安全。

微课　消防逃生演练

（二）火灾的应急措施

1．火灾发生时的应急处理

1）发现火灾后，应立即拨打 119 火警电话，并通知上级领导和相关人员到达火灾现场。

2）如果是初起火灾，要就近选择适宜的消防器材来进行扑灭。

3）如果发现火灾无法扑灭或已有蔓延之势，应立刻按照消防演习预案有序地带领婴幼儿进行疏散。

2．火灾发生时的紧急疏散

1）在疏散前，保育师要切断班级及楼道内的电路电源。

2）告诉婴幼儿在听到警报时不要慌张，要镇静。

3）疏散时，要谨记托幼园所的消防疏散示意图和疏散路线。保育师负责领队，让婴幼儿排成两列队伍，分班依次快速撤离，以免发生拥挤踩踏事故。

4）在疏散过程中，为了防止婴幼儿吸入烟气，保育师要让婴幼儿用湿毛巾、手帕

或衣服捂住口鼻。

5）在疏散逃生时，保育师要提醒婴幼儿压低身体，弯腰或匍匐前进。

6）如果火势严重，保育师要为婴幼儿披上浸湿的衣被。

7）若遇安全通道被堵，保育师可以带领婴幼儿找一处没有着火的房间进行逃避。用湿毛巾塞住门缝，防止烟涌进室内。

3．火灾疏散工作要求

1）听到发出的警报声后，所有托幼园所人员与婴幼儿立即快速、安全地进行疏散，不能再收拾物品。

2）保育师带领全部婴幼儿疏散到室外。

3）保育师指挥婴幼儿按计划依次快速、安全地下楼，不能争先抢后地下楼，以免发生拥挤踩踏事故。

4）在疏散过程中，如果发生意外伤害，保育师要先进行简单的救助，为伤员包扎伤口，然后安排专人进行护理并将其送到医院救治。

保育师解读

幼儿园安全风险等级

幼儿园安全风险等级可划分为红（重大风险）、橙（较大风险）、黄（一般风险）、蓝（轻度风险）四种颜色，采用风险矩阵分析法计算风险度（R 值），根据风险等级情况进行监管，如表 5-2 所示。

表 5-2　风险等级表

风险度（R 值）	风险等级	
20～25（红色）	1 级	重大风险
15～16（橙色）	2 级	较大风险
9～12（黄色）	3 级	一般风险
4～8（蓝色）	4 级	轻度风险

（三）撤离后的安全工作

1）保育师应立即清点班级婴幼儿人数，向园长、应急小组负责人报告。

2）检查婴幼儿是否受伤，如果有婴幼儿受伤，应立即采用紧急处理技术，并找到保健医生进行处理，同时通知家长。

3）及时在微信群、QQ 群里通知家长，说明婴幼儿已撤离到安全地点，让家长放心。

保育师解读

灭火器的使用方法

首先，拿起灭火器上下摇晃三次左右，切记不要摇晃很多次；其次，拉开安全销，握住皮管，对准着火点，在距离 4～6 米的地方用力压把手，选择上风口，直接将干粉射入火中；最后，要用冷水冷却防止复燃。

（四）工作中应注意的问题

1）保育师要按照紧急预案，有序带领婴幼儿进行避险与撤离，不得擅自离开工作岗位。

2）在疏散过程中，保育师要分散在婴幼儿疏散队伍的前、中、后部，确保每个婴幼儿都不掉队。

3）在疏散过程中，一旦婴幼儿身上着火，保育师千万不要让婴幼儿跑或用手拍打，应立即脱掉婴幼儿着火的衣服，或者让婴幼儿就地打滚，压灭火苗。

练一练

发生火灾时，需要做哪些应急处理？

三、水灾危害应对

一般所指的水灾以洪涝灾害为主。水灾威胁着人们的生命安全，会造成巨大的财产损失，并对社会经济发展产生深远的不良影响，同时也给婴幼儿的生命和健康带来严重的威胁。所以，做好水灾发生时的应对工作尤为重要。这对保育师提出了更高的安全工作要求。保育师应掌握突发水灾时的安全应对工作，重视其重要性，掌握其工作要点，并能模拟应对水灾的安全工作。

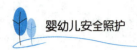

（一）水灾前的应急准备

1. 掌握水灾的应急预案

1）学习和掌握托幼园所制订的水灾应对预案，知道自己的工作职责。

2）知道本托幼园所各部门和应急水灾小组的基本职责，同时明确自己班级保育师水灾应急工作的内容。

3）制订本班水灾逃生预案，了解水灾来临时托幼园所的避难地点、逃生路线及托幼园所环境。

4）学习水灾应急的相关转移和自救知识。

5）制订自己班级的逃生物资准备计划，确保物资准备充足。

保育师支招

　　水灾来临时尽量选择交通较为方便的地方作为避难场所。这些地方应有上下水设施，卫生条件较好，与外界可保持良好的通信、交通联系。

　　在城市中避难相对比较容易，因为许多高层建筑地势较高且牢固，如学校、医院及地势高、条件好的公园等地方都可以作为避难场所。

2. 定期检查园所环境及物资

1）保育师应定期检查逃生、避难物资准备情况，以保证水灾来临时物资充足。

2）对托幼园所、班级周围环境进行全面的检查，对影响逃生通道的摆设、低洼地方进行重点检查和维护。

3）加强对易燃易爆的物品及有害的化学物品的管理和清查。加强对班级里的电器等重要设备的检查，以防逃生时出现漏电等意外。

4）加强班级内的值班制度，做到时时有人，确保通信畅通，及时掌握情况。

5）汛期时要准备防汛沙包等物品。

3. 定期进行模拟演练

1）按照水灾逃生预案，进行班级内部的逃生、避难演习，确保意外发生时能快速和有序地逃生。

2）保育师要在自己班级里定期开展一些关于水灾逃生与自救的教育活动，保证婴幼儿在水灾逃生时、逃生后的心理安全。

（二）水灾发生时的应急措施

1．水灾发生时婴幼儿紧急转移工作

1）在洪水即将来临时，保育师应马上回到班级，检查班级婴幼儿人数。

2）根据托幼园所广播或其他通信设备的通知，迅速地转移婴幼儿，抓住逃生时机。

3）如果所在班级在高楼层，可以选择在室内避险。为了防止其他意外伤害，保育师要先拉断电源，以防发生触电。

4）如果所在班级在低楼层，保育师应带领婴幼儿迅速向高处进行撤离。第一，保育师要十分明确转移的路线和目的地，让婴幼儿排成两列队伍，分班依次快速转移，以免发生拥挤踩踏事故。第二，如果婴幼儿年龄太小，可以将婴幼儿背到安全地点。第三，安抚婴幼儿情绪，减轻婴幼儿的恐慌感。

2．应急撤离时应注意的问题

1）保育师带领婴幼儿转移时，不要沿着泄洪道方向跑，应该向泄洪道两边快速躲避。

2）在疏散过程中要带领婴幼儿有序、快速地前进，不要拥挤，不要掉队，以免发生碰撞和踩伤。保育师要时刻清点班级人数。

3）不要带领婴幼儿过河或涉水，以免被洪水卷走。

4）如果无法逃离，应利用通信工具请求救助，或者挥动彩色物品引起救援队注意并进行呼救。

（三）撤离后的安全工作

1）撤离到安全地点之后，保育师要立即清点班级婴幼儿人数，向园长、应急小组负责人报告。

2）检查婴幼儿是否受伤，如果有婴幼儿受伤，应立即采用紧急处理技术，并找到保健医生进行处理，同时通知家长。

3）及时在微信群、QQ 群里通知家长，说明婴幼儿已撤离到安全地点，让家长放心。

 保育师支招

　　如果洪水持续上涨，暂避的地方已难自保，就要充分利用准备好的救生器材逃生，或者迅速找一些门板、桌椅、木床、大块的泡沫塑料等具有一定浮力的物品捆绑在一起，扎成逃生筏。值得注意的是，足球、篮球、排球的浮力都很好。

（四）工作中应注意的问题

1）在水灾来临时，最重要的是保证婴幼儿的安全，要迅速地转移婴幼儿。

2）在逃生之前，一定要关闭煤气总阀和电源，以免发生漏电或失火。

3）如果被困，一定要尽可能地搜集食物和饮用水，以满足身体需要。

4）在紧急情况下，可以利用大塑料盆、泡沫板等物品进行逃生。

 练一练

根据所学知识，在表 5-3 中列出保育师在应对水灾时的工作项目。

表5-3　应对水灾工作表

项目	工作内容	工作要求	应注意的问题
水灾前的应急准备			
水灾发生时的应急措施			
撤离后的安全工作			

四、台风灾害应对

　　台风是指中心附近最大风力达 12 级或以上的热带气旋（包括世界气象组织定义中的热带风暴、强热带风暴和台风）。每年的夏秋季节，我国毗邻的西北太平洋上会生成不少名为台风的猛烈风暴，有的消散于海上，有的则登上陆地，带来狂风暴雨。台风是自然灾害的一种。保育师应掌握突发台风灾害时的安全应对工作，重视其重要性，掌握其工作要点。

（一）台风来临前的应急准备

1. 掌握台风灾害的应急预案

1）学习和掌握托幼园所制订的台风灾害应对预案，知道自己的工作职责。

2）及时收听和收看台风预警信息，知道有关部门应对台风的行动和办法，不传谣。

3）学习台风灾害应急转移和自救知识。

4）如果收到台风黄色及以上预警信号，托幼园所要提前闭园，在确保婴幼儿安全的情况下安排其离园回家。如果婴幼儿无法返家，应将婴幼儿转移至坚固的建筑物内，并交由专人看管。

2. 检查园所环境及物资

1）保育师在台风来临前要尽量储存好食物、水、蜡烛、手电、可蓄电的灯。

2）加固或搬移容易被风吹掉的物品。

3）检查托幼园所的电路、煤气等设施是否安全。

4）检查排水通道是否顺畅，防止台风来临时积水。

5）玻璃门窗可以找木板等物品进行加固，以防台风来临时玻璃破碎。

3. 定期进行模拟演练

1）按照台风应对预案进行逃生、避难演习，确保意外发生时快速和有序地逃生。

2）保育师要在自己班里定期开展一些应对台风灾害的教育活动，保证婴幼儿的心理安全。

 保育师支招

台风来临前注意事项如下。

1）要收拾、清理好阳台（露台），并将放置在走廊栏杆及窗台上的花盆、衣物等物品移至室内，避免其坠落伤人。

2）要提前清理排水管道，保持排水畅通。

3）要准备好一些家中常备药品，以防婴幼儿在台风来临时因着凉而感冒。

（二）台风发生时的应急措施

1）在台风发生时，及时断电，远离窗户，不得外出。

2）如果必须外出，应注意以下问题。

① 不要在树下行走，可以用树枝等物体探路，及时避开电线杆、低洼路等地方。

② 要慢慢地、一步一步地走，不要随便跑，否则会重心不稳。

③ 尽可能抓住柱子、栏杆等稳固的物体行走。

④ 如果要通过狭窄的桥，应爬行通过，以防被强风刮倒落入水中。

⑤ 若开车外出转移，也要保持低速行驶，确保安全行驶。

（三）台风过后的安全工作

1）台风过后，转移的保育师、婴幼儿不要立即返回托幼园所，应确定园所里全部安全后才可以返回。

2）回园后要注意园内是否有潜在危险，是否有脱落电线，门窗是否牢固等。

3）台风过后，注意在托幼园所中不要饮用井水，要将所有器皿、餐具等进行高温消毒。

4）台风过后，要特别注意不吃未洗净的瓜果蔬菜，食物要煮熟、煮透。

5）如果发现婴幼儿出现发热或腹泻等症状，应及时送其到医院的发热门诊就医。

解密旋转风

　　台风中心附近风力大且风向变化突然，破坏力特强。台风正面袭击之后，会出现一片风平浪静、云开雨停甚至蓝天星月的"迷人"景象，这实际上是处在"台风眼"区，千万不要被这种暂时现象迷惑而放松防御。当"台风眼"过去之后，风向将会猛转180°，并且会很快达到甚至超过原先的强度。这种情况就会形成旋转风。

（四）工作中应注意的问题

1）台风灾害来临时，最重要的是保证婴幼儿的安全，警告婴幼儿千万不要出门。

2）一定要紧闭门窗，门窗要适当加固。

3）多准备一些食物、饮用水、蜡烛、手电等物品。

台风来临前需要做哪些应急准备？

一、判断题

1.《中华人民共和国防震减灾法》于 2008 年 12 月 29 日经第八届全国人民代表大会常务委员会第 29 次会议通过。　　　　　　　　　　　　　　　　　　（　　）

2．发生地震时，如果婴幼儿在一楼，应立即组织婴幼儿紧急撤离到空旷的室外，撤离时注意避开高大建筑物及大型玩具。　　　　　　　　　　　　　　　（　　）

3．在婴幼儿撤离时，保育师可以离开撤离队伍，帮助其他人员搬运托幼园所物资。　　　　　　　　　　　　　　　　　　　　　　　　　　　　　　　　（　　）

二、选择题

1．全国消防宣传日是每年的（　　）。
　　A．1 月 9 日　　　　　　　　B．11 月 9 日
　　C．1 月 19 日　　　　　　　　D．11 月 19 日

2．在相对封闭的房间里发生火灾时（　　）。
　　A．不能随便开启门窗　　　　B．只能开窗
　　C．只能开门　　　　　　　　D．只能呼救

3．被困在火场时，下列求救方法错误的是（　　）。
　　A．在窗口、阳台或屋顶处向外大声呼救
　　B．白天可挥动鲜艳布条发出求救信号，晚上可挥动手电筒
　　C．大声哭泣
　　D．拨打 119

三、简答题

1．地震发生时，保育师带领婴幼儿撤离到空旷地带后的安全工作有哪些？
2．台风来临前，保育师的工作有哪些？
3．简述保育师应对地震灾害工作应注意的问题。

分角色扮演教师、保育师、保健医生、婴幼儿、婴幼儿家长等，模拟托幼园所地震紧急避险与疏散的工作流程。

《中华人民共和国防震减灾法》（2008 年修订）（节选）

第一章　总则

第一条　为了防御和减轻地震灾害，保护人民生命和财产安全，促进经济社会的可持续发展，制定本法。

第二条　在中华人民共和国领域和中华人民共和国管辖的其他海域从事地震监测预报、地震灾害预防、地震应急救援、地震灾后过渡性安置和恢复重建等防震减灾活动，适用本法。

第三条　防震减灾工作，实行预防为主、防御与救助相结合的方针。

第四条　县级以上人民政府应当加强对防震减灾工作的领导，将防震减灾工作纳入本级国民经济和社会发展规划，所需经费列入财政预算。

第五条　在国务院的领导下，国务院地震工作主管部门和国务院经济综合宏观调控、建设、民政、卫生、公安以及其他有关部门，按照职责分工，各负其责，密切配合，共同做好防震减灾工作。

县级以上地方人民政府负责管理地震工作的部门或者机构和其他有关部门在本级人民政府领导下，按照职责分工，各负其责，密切配合，共同做好本行政区域的防震减灾工作。

第六条　国务院抗震救灾指挥机构负责统一领导、指挥和协调全国抗震救灾工作。县级以上地方人民政府抗震救灾指挥机构负责统一领导、指挥和协调本行政区域的抗震救灾工作。

国务院地震工作主管部门和县级以上地方人民政府负责管理地震工作的部门或者机构，承担本级人民政府抗震救灾指挥机构的日常工作。

第七条　各级人民政府应当组织开展防震减灾知识的宣传教育，增强公民的防震减灾意识，提高全社会的防震减灾能力。

第八条　任何单位和个人都有依法参加防震减灾活动的义务。

国家鼓励、引导社会组织和个人开展地震群测群防活动，对地震进行监测和预防。

国家鼓励、引导志愿者参加防震减灾活动。

第九条 中国人民解放军、中国人民武装警察部队和民兵组织，依照本法以及其他有关法律、行政法规、军事法规的规定和国务院、中央军事委员会的命令，执行抗震救灾任务，保护人民生命和财产安全。

第十条 从事防震减灾活动，应当遵守国家有关防震减灾标准。

第十一条 国家鼓励、支持防震减灾的科学技术研究，逐步提高防震减灾科学技术研究经费投入，推广先进的科学研究成果，加强国际合作与交流，提高防震减灾工作水平。

对在防震减灾工作中做出突出贡献的单位和个人，按照国家有关规定给予表彰和奖励。

1）发生地震时，保育师如何带领婴幼儿紧急避险？

2）发生火灾应急撤离时有哪些应注意的问题？

3）水灾发生时，带领婴幼儿避险和撤离有哪些工作要求？

4）台风来临前，保育师的工作职责有哪些？

任务二　突发公共安全事件的应对

某日下午，一名歹徒持刀冲进某幼儿园行凶，幼儿园园长和数名幼儿教师为保护幼儿勇斗持刀歹徒。在一位家长的协助下，教师们最终制伏歹徒。行凶歹徒被当地警方刑事拘留。有4名教师和4名幼儿被歹徒砍伤，送往医院接受治疗。

突发公共安全事件是指突然发生、造成严重社会危害、需要采取应急处置措施的事故灾难、公共卫生事件和社会安全事件。如果发生踩踏事件、暴力事件、中毒事件、突发传染病事件，会威胁婴幼儿的生命安全。托幼园所的首要任务就是保证婴幼儿的生命安全。作为保育师，如何应对突发公共安全事件以保证婴幼儿的安全呢？

婴幼儿安全照护

任务导图

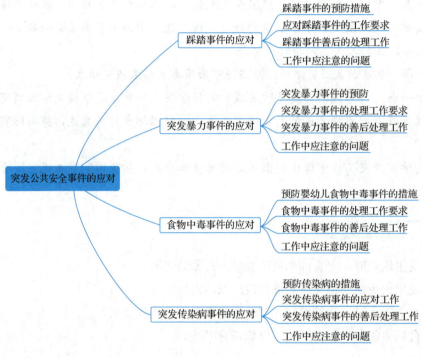

踩踏事件的应对 —— 踩踏事件的预防措施
应对踩踏事件的工作要求
踩踏事件善后的处理工作
工作中应注意的问题

突发暴力事件的应对 —— 突发暴力事件的预防
突发暴力事件的处理工作要求
突发暴力事件的善后处理工作
工作中应注意的问题

突发公共安全事件的应对

食物中毒事件的应对 —— 预防婴幼儿食物中毒事件的措施
食物中毒事件的处理工作要求
食物中毒事件的善后处理工作
工作中应注意的问题

突发传染病事件的应对 —— 预防传染病的措施
突发传染病事件的应对工作
突发传染病事件的善后处理工作
工作中应注意的问题

任务目标

※ 知识目标

1）知道托幼园所应对踩踏事件、突发暴力事件、食物中毒事件、突发传染病事件的重要性。

2）掌握托幼园所应对踩踏事件、突发暴力事件、食物中毒事件、突发传染病事件的工作内容。

※ 能力目标

1）明确托幼园所应对踩踏事件、突发暴力事件、食物中毒事件、突发传染病事件的工作流程。

2）模拟托幼园所发生踩踏事件、突发暴力事件、食物中毒事件、突发传染病事件时的应对工作。

※ 素质目标

1）增强安全知识与技能的学习，以应对突发事件的发生。

2）关爱婴幼儿生命安全，爱岗敬业，提升职业责任感。

一、踩踏事件的应对

（一）踩踏事件的预防措施

1. 学习和熟悉踩踏事件的应急预案

1）学习和熟悉本托幼园所踩踏事件的应急预案，知道各部门的工作职能及应急保障系统。

2）保育师要具备识别踩踏事故风险的能力，进行重点检查和防范。

3）保育师要经常对班级周围的生活和教学设备、设施、场地等进行检查，及时发现存在的隐患。

4）保育师要履行值日工作职责，加强安全工作防范意识。

5）保育师应完善班级婴幼儿家长通信办法。

6）保育师要定期检查班级附近楼梯扶手、栏杆等设施，及时清理应急疏散通道。

2. 对婴幼儿进行基本的防踩踏安全教育

1）保育师要经常对婴幼儿进行基本的礼仪和健康教育，要求婴幼儿靠右侧通行，不要拥挤。

2）对婴幼儿进行集体教育活动时，活动室门要打开，以便发生拥挤踩踏或火灾时，及时对婴幼儿进行疏散。

微课　婴幼儿防踩踏安全教育

3）班级要定期开展预防踩踏事件发生的安全专题教育。

4）在日常生活中教育婴幼儿在楼梯、楼道靠右侧行走，不要追逐打闹。

5）定期对婴幼儿进行自我保护、自救的教育。

保育师支招

　　假如婴幼儿陷入拥挤的人流，一定要先站稳，身体不要倾斜失去重心。即使鞋子被踩掉，也不要弯腰捡鞋子或系鞋带。若有可能，先尽快抓住坚固可靠的东西慢慢走动或停住，待人群过去后再迅速离开现场。

　　若自己不幸被人群挤倒，要设法靠近墙角，身体蜷成球状，双手在颈后紧扣，以保护身体最脆弱的部位。

（二）应对踩踏事件的工作要求

1）发生踩踏事件时，在现场的保育师要及时组织疏导婴幼儿，以防事件进一步扩大。

2）发生踩踏事件时，现场的保育师要立刻报告园所负责人，并拨打 120。

3）发生踩踏事件后，在场的保育师要按照应急预案对婴幼儿进行疏散。

4）发生踩踏事件后，保育师要以最快的速度对受伤婴幼儿进行现场救护，将其送往医院进行治疗。

5）及时通知在踩踏事件中受伤的婴幼儿的家长，进行协调沟通。

6）保育师要及时对踩踏现场进行处理，保护现场，以方便取证。

7）保育师要及时调查发生踩踏事件的原因，进行妥善处理并报告上级。

（三）踩踏事件善后的处理工作

1）保育师全面参与婴幼儿治疗，直至其康复，并与家长进行密切沟通。

2）针对发生的踩踏事件，以此为戒，加强安全教育学习。

3）及时在微信群、QQ 群里通知家长，说明婴幼儿已撤离到安全地点，让家长放心。

发生踩踏事件时脱险的方法

发生踩踏事件时，最重要的原则就是护住脑颈和胸腔、腹腔。

1）两手十指交叉相扣，护住后脑和颈部。两肘向前，护住双侧太阳穴。

2）不慎倒地时，双膝尽量前屈，护住胸腔和腹腔的重要脏器，侧躺在地。

3）在拥挤的人群中，左手握拳，右手握住左手手腕，双肘撑开平放胸前，形成一定空间保证呼吸畅通。

（四）工作中应注意的问题

1）婴幼儿集合时，保育师要使其按照托幼园所制定的路线行走。保育师要强化婴幼儿在课间操、上下楼梯、放学等环节的安全保障。

2）如果出现停电或楼梯间照明损坏问题，保育师要及时开启应急照明设备。

3）保育师要分楼层进行安全疏导，维持婴幼儿上下楼梯的秩序。

4）冬天室内温度较低时，托幼园所的地面不要湿滑，以防婴幼儿滑倒造成事故。

将应对踩踏事件的安全工作填入表 5-4 中，并讨论处理办法。

表 5-4　预防踩踏事件安全工作表

项目	工作内容	应注意的问题

二、突发暴力事件的应对

（一）突发暴力事件的预防

1. 学习和熟悉突发暴力事件的应急预案

1）知道托幼园所突发暴力事件的应急响应流程，知道各部门的工作职能及应急保障系统。

2）保育师要具备基本的判断突发暴力事件风险的能力，进行重点检查和防范。

3）严格遵守园内的登记和验证制度。

突发暴力事件的概念

从不同的角度出发，突发性事件可以被划分为不同的种类。例如，根据事件的成因，通常把突发性事件分为自然的突发性事件和人为的突发性事件两类。根据突发性事件的发生过程、性质和机理，又可以将突发性事件分为自然灾害、事故灾难、突发公共卫生事件、突发社会安全事件及突发经济事件等五大类。

结合突发性事件的概念，我们可以把突发暴力事件定义为：社会个体在受特定社会势力的指使或在个人利益受损等情况下，对政府机构或公共设施进行严重的破坏，对有关部门工作人员、利益相关群体和个体或利益非相关的无辜群体和个体采取极端暴力手段，以达到特定的组织目的或发泄个体内心的不满，造成人员伤亡和财产损失，并对社会稳定与发展构成威胁的恶性突发事件。

2．突发暴力事件的预防措施

1）保育师要特别注意在婴幼儿来园、离园的人员流动高峰期，加强对婴幼儿的安全防范，注意观察是否有行为诡异、神情异常的人员。

2）托幼园所要重点排查园内是否有精神病症状的人员，一旦确定为精神病人，不得让其进入园所从事保教工作。

3）保育师要经常学习预防突发暴力事件的内容和相关法律知识。

4）保育师要经常对婴幼儿开展预防突发暴力事件安全教育，增强婴幼儿的自我保护意识。

5）保育师要履行值日工作职责，加强安全工作防范意识。

6）保育师要完善班级婴幼儿家长通信办法，了解婴幼儿的家庭基本情况及近况。

3．对婴幼儿进行基本的防暴力安全教育

1）保育师要经常与婴幼儿进行防暴力的模拟演练。

2）定期开展关于防暴力与自救的教育活动，对婴幼儿进行基本的心理疏导。

3）班级要定期开展防暴力安全教育讲座或演习。

保育师支招

辨别可疑人员的方法：注意所穿衣服与身材不符或与季节不符者；注意走路沉重且走路表现很不自然者；注意假献殷勤，行为举止、神情异常者；注意眼睛往监控探头、防暴人员张望且紧张者。发现具有上述几点或部分特征的人员时，应沉着冷静并寻求防暴人员的帮助，排除安全隐患。

（二）突发暴力事件的处理工作要求

1）发生突发暴力事件时，保育师最重要的工作职责是保证婴幼儿的生命安全。

2）事件发生时，应立即拨打 110 和 120，说明托幼园所发生暴力伤害事件，请求救助。与此同时，保育师或教职员工应立即报告托幼园所防暴力工作小组。

3）现场保育师要尽可能地保护婴幼儿，并组织婴幼儿进行有序的撤离和疏散。

4）保育师要做好婴幼儿的疏散和撤离工作，按照模拟演练计划组织婴幼儿进行撤离，将其疏散到安全地点。

5）保育师要协助保卫人员维护现场秩序，保护现场，根据情况在指定地点等待，引导医疗救护车到达指定地点。

6）保育师要帮助医疗救护人员进行现场救助。

7）保育师要根据婴幼儿受伤情况，通知有关婴幼儿的家长到达现场或指定医院。

8）保育师要保护现场，以方便取证。

（三）突发暴力事件的善后处理工作

1）撤离到安全地点后，保育师要清点班级人数，并上报托幼园所应急小组。

2）保育师要安抚婴幼儿，减轻婴幼儿的恐惧心理，适时做好心理疏导。

3）保育师要做好后续工作，及时配合救护人员将受伤婴幼儿送至医院救治。

4）保育师要安抚婴幼儿的家属，配合相关部门进行事件的调查、调解等工作，做好恢复正常保育工作的准备。

（四）工作中应注意的问题

1）保育师要时刻保持高度警惕，增强保护婴幼儿安全的责任感，提高应对突发暴力事件的能力。

2）保育师要按照岗位职责和工作范围加强巡视，发现可疑人、可疑物、可疑车辆等一切可疑情况要果断处理。

3）班级保育师要加强班级情报信息的收集工作，及时发现并密切掌握各种具有预警性和苗头性的信息。

4）托幼园所和班级要充分利用广播、电视、宣传栏、黑板报等渠道组织开展应急法律法规和预防、避险、自救、自护等应急知识的宣传。

将应对突发暴力事件的安全工作填入表 5-5 中，并讨论处理办法。

表 5-5　应对突发暴力事件安全工作表

项目	工作内容	应注意的问题

三、食物中毒事件的应对

（一）预防婴幼儿食物中毒事件的措施

1. 加强学习《食品安全法》

1）保育师认真学习《食品安全法》，从根本上认识婴幼儿食品安全的意义。

2）保育师要具备基本判断婴幼儿食物中毒的能力，并进行重点检查和防范。

3）对自身进行严格管理，知道食品基本的储存方法和存放流程。

2. 食物中毒事件的预防

1）保育师要认真贯彻执行卫生部门关于食物中毒事件处理的精神，以便及时采取防治措施。

2）保育师要深入学习预防食物中毒的知识。

3）保育师要对自己班级婴幼儿的餐具进行消毒。保育师应对餐具按规定进行严格消毒，确保餐具清洁卫生，防止出现因交叉感染而引发的食物中毒事件。

4）保育师对每餐的饭菜要做好留样，取每餐的饭菜250克密封好在冷藏箱内保存48小时。

3. 对婴幼儿进行防食物中毒安全教育

1）保育师要充分利用广播、主题活动、宣传画和实物标本等形式，向婴幼儿宣传普及有关的卫生知识。

2）定期开展关于防食物中毒的教育活动，告诫婴幼儿不吃变质、腐烂、有异味、掉在地上的食物。

保育师解读

垃圾食品种类

垃圾食品包括油炸类食品、腌制类食品、肉类加工食品（肉干、肉松、香肠、火腿等）、饼干类食品（包括所有加工饼干）、汽水可乐类饮料、方便类食品（主要指方便面和膨化食品）、罐头类食品（包括鱼肉类和水果类罐头）、话梅蜜饯果脯类食品、冷冻甜品类食品（冰淇淋、冰棒、雪糕等）、烧烤类食品。

（二）食物中毒事件的处理工作要求

1）就餐后，如果多名婴幼儿出现呕吐、腹泻等现象，保育师应立刻向园领导或保健医生报告。托幼园所则向上级卫生部门和教育局报告。

2）保育师要积极采取措施，拨打 120，等待救助婴幼儿，尽快将婴幼儿送往医院。

3）发生食物中毒后，保育师在向有关部门报告的同时要保护好现场和可疑食物。不要急于倒掉婴幼儿吃剩的食物，食品用工具、容器、餐具等不要急于冲洗。

4）保留婴幼儿的排泄物（呕吐物、大便），以便卫生部门采样检验，为确定食物中毒原因提供可靠的依据。

5）保育师要如实反映本次中毒情况，将婴幼儿所吃的食物、进餐总人数、同时进餐而未发病者所吃的食物，反映给相关部门。

6）帮助有关部门分析婴幼儿中毒的主要特点，提供可疑食物的来源、质量、存放条件、加工烹调的方法和加热的温度、时间等情况。

7）保育师在查明中毒情况之前应立即停止食用可疑食物。

8）如果卫生部门查明情况，确定了食物中毒的原因，就可对引起中毒的食物及时进行处理。具体如下。

① 食品用工具、容器可用含 2% 碱水或漂白粉的溶液消毒。

② 保育师要用 20% 石灰乳或 5% 的来苏尔溶液对中毒婴幼儿的排泄物进行消毒。

③ 若是微生物性食物中毒，要彻底清洁、消毒接触过中毒食物的餐具、器皿。

④ 若是化学性食物中毒，要用热碱水彻底清洁餐具、器皿，对剩余的可疑食物也要彻底清理，杜绝中毒隐患。

（三）食物中毒事件的善后处理工作

1）做好婴幼儿的思想工作，稳定婴幼儿的情绪。

2）做好中毒婴幼儿家长的安抚工作，配合进行事件的调查、调解等工作，做好恢复正常保育工作的准备。

3）及时在微信群、QQ 群里通知家长，说明婴幼儿已撤离到安全地点，让家长放心。

婴幼儿安全照护

婴幼儿食物中毒的症状

一般食物中毒的症状有呕吐、腹泻、腹痛、头痛、体温升高等。吐泻严重的婴幼儿还可能发生脱水、酸中毒甚至休克、昏迷等症状。严重的甚至出现血便、吞咽困难、语言障碍、呼吸困难甚至死亡等。

（四）工作中应注意的问题

1）保育师要立刻停止让婴幼儿食用中毒食品。
2）必须对中毒婴幼儿的排泄物和可疑食品留有标本，以备检验。
3）及时将中毒婴幼儿送往医院进行治疗。
4）保育师要对可疑中毒食物及其有关工具、设备和现场采取临时控制。

在托幼园所发生婴幼儿食物中毒事件时，保育师的工作内容有哪些？

四、突发传染病事件的应对

（一）预防传染病的措施

1．做好基本的宣传工作

1）保育师要积极做好常见传染病的防治宣传工作，增强婴幼儿的卫生防疫意识和自我保护能力。
2）通过多种形式对婴幼儿及家长进行预防传染病知识的宣传教育。
3）利用宣传栏、家长会、告家长书等形式向家长宣传常见传染病的预防知识。

2．做好日常清洁工作

1）保育师要每天认真对婴幼儿的桌椅、玩具、学习用品进行消毒。
2）每天用消毒剂对地面、厕所等进行消毒。
3）活动室和寝室要保持清洁，保证室内空气流通。

4）周末在太阳光充足时晾晒婴幼儿的被褥。

3．加强卫生系统的管理

1）保育师要严格按照《食品安全法》《学校食堂与学生集体用餐卫生管理规定》等有关法规的要求，进行餐具消毒。

2）保育师要做到有病不上岗、有病不隐瞒。

3）保育师要按规定协助医疗部门做好婴幼儿的健康体检和常见传染病的预防接种工作。

4．对婴幼儿进行卫生防疫安全教育

1）教育婴幼儿养成良好的个人卫生习惯，认真组织婴幼儿饭前便后用肥皂和流动水洗手。

2）保育师要经常利用多种形式对婴幼儿进行良好卫生习惯的教育。

3）鼓励婴幼儿多饮水，保证其摄入足量的、均衡的营养，增强婴幼儿的免疫力。

4）坚持带领婴幼儿进行体育锻炼活动，保证其户外活动时间。

5）做好预防常见传染病的必要药品等物资储备。

（二）突发传染病事件的应对工作

1）保育师细致观察每个婴幼儿的情绪与身体状况，有出现皮疹、腹泻、发热、黄疸、呕吐等症状的，立即报告医务室。

2）根据保健医生对婴幼儿症状的判断，联系其家长。

3）指导家长将婴幼儿隔离在家，要求家长带其到正规医院进行治疗，并对每日的晨检排查情况进行记录。

4）将出现传染病症状的情况及时向园传染病预防控制领导小组成员汇报。

5）保育师应对患传染病婴幼儿所在班级活动室或公共场所进行消毒。

6）组织婴幼儿撤离患传染病婴幼儿所处的危险区域，停止聚集活动。

7）保育师要与班级患传染病婴幼儿的家长随时保持联系，关注婴幼儿的病情进展。

8）婴幼儿病愈返校时，保育师须检查医院出具的有效证明。

保育师解读

传染病基础知识

传染病三要素：传染源、传播途径、易感人群。

1）传染源：主要包括患者、隐形感染者和病原携带者。

2）传播途径：病原体离开传染源后到达另一个易感者的方式，可由多种因素构成，如呼吸道传播（飞沫、空气）、接触传播（直接和间接）、虫媒传播等。

3）易感人群：对传染病缺乏特异性免疫力的人，如婴幼儿。

（三）突发传染病事件的善后处理工作

1）召开家长会，通报事件经过，稳定家长的情绪，做好传染病的防治宣传工作，增强家长的卫生防疫意识和自我保护能力。

2）在相关部门的指导下，迅速、严格、彻底全面地做好环境消毒工作。

3）及时在微信群、QQ 群里通知家长，说明患病婴幼儿的隔离情况，让家长放心。

保育师解读

婴幼儿传染病小知识

托幼园所常见的婴幼儿传染病主要有水痘、流行性腮腺炎、猩红热、手足口病、病毒性胃肠炎等。这些常见的传染病好发的季节不同。手足口病好发于5～8月。猩红热好发于冬春季，水痘和流行性腮腺炎四季散发，冬春季多见。托幼园所在传染病高发季节要注意避免婴幼儿接触传染源，多让婴幼儿饮水，注意保暖，避免其受凉感冒。

（四）工作中应注意的问题

1）实行首诊负责制。保育师不得瞒报、谎报、缓报疫情。

2）保育师要做好自身防护工作和班级室内的消毒工作，尽量避免发生室内感染，遏制传染病的扩散。

3）对班级其他婴幼儿开展体温、健康监控，如出现异常，应及时上报。

为防止托幼园所发生传染病，保育师应做好哪些预防工作？

一、选择题

1. 下列不是传染病流行的三个环节之一的是（　　）。
    A. 传染源　　　　　　　　B. 传播途径
    C. 易感人群　　　　　　　D. 传播源
2. 手足口病可经呼吸道飞沫传播，我们保持室内空气卫生的首选方法应该是（　　）。
    A. 开窗通风换气　　　　　B. 紫外线照射
    C. 过氧乙酸喷雾　　　　　D. 臭氧消毒
3. 遇到突发暴力事件，保育师的首要任务是（　　）。
    A. 与歹徒搏斗　　　　　　B. 保护幼儿园财产
    C. 保护婴幼儿安全　　　　D. 保护自身安全

二、判断题

1. 模拟演练没有实际作用，就是没事演着玩的。　　　　　　　　（　　）
2. 保育师看到恐怖分子进入园所，要斗智斗勇，团队协作。　　　（　　）
3. 打疫苗可使人受到保护，打过疫苗就意味着不会再得传染病。　（　　）
4. 打喷嚏或咳嗽时要用手来掩盖口鼻，防止病情传染。　　　　（　　）

三、简答题

1. 婴幼儿发生食物中毒后，保育师的工作职责有哪些？
2. 举例说明应对突发暴力事件时保育师的处理工作要求。

分角色扮演教师、保育师、保健医生、婴幼儿、婴幼儿家长等，模拟托幼园所突发暴力事件时，紧急避险和撤离的工作流程。

婴幼儿食品安全标准

目前，在众多关于食品安全的标准中涉及婴幼儿食品安全的内容较多，以下根据《食品安全法》中关于食品安全的标准做出整理。

1）食品中不能含有致病性微生物、各种污染物质及重金属、农药及兽药残留，以及其他有损人体健康的物质。

2）在添加剂、防腐剂等的种类和剂量方面，食品中不能含有超出国家规定的范围和剂量的成分。此外，工业用料严禁用于食品生产。

3）婴幼儿食品要符合营养成分的要求。

4）婴幼儿食品要符合生产经营的卫生要求和质量要求。

5）婴幼儿食品要有完善的食品检验方法及生产规章流程。

任务总结与反思

1）为防止托幼园所发生踩踏事件，保育师的工作职责有哪些？

2）发生突发暴力事件，应急撤离时，有哪些应注意的问题？

3）托幼园所发生食物中毒事件，保育师应做好哪些应对工作？

4）为防止托幼园所发生传染病，保育师的工作要求有哪些？

参考文献

葛可佑，2005．中国营养师培训教材 [M]．北京：人民卫生出版社．

关贤，2016．幼儿园安全健康主题课程 小班 [M]．北京：教育科学出版社．

黄欣欣，2010．托幼机构卫生保健实用指南 [M]．南京：江苏教育出版社．

黄子通，于学忠，2014．急诊医学 [M]．2 版．北京：人民卫生出版社．

纪艳红，刘超，2018．幼儿安全管理与教育 [M]．北京：清华大学出版社．

李乐之，路潜，2017．外科护理学 [M]．6 版．北京：人民卫生出版社．

李小萍，2006．基础护理学 [M]．2 版．北京：人民卫生出版社．

刘晓红，秦广宁，王贵玲，2020．幼儿安全教育教师锦囊 [M]．上海：华东师范大学出版社．

马红霞，陈爱玲，任金素，2019．幼儿园安全管理指南 [M]．北京：世界图书出版公司．

潘建明，蒋晓明，任江维，2020．幼儿照护职业技能教材（中级）[M]．长沙：湖南科学技术出版社．

潘建明，谢玉琳，马仁海，2020．幼儿照护职业技能教材（初级）[M]．长沙：湖南科学技术出版社．

苏晖，2016．幼儿园安全管理实用手册 [M]．北京：中国农业出版社．

王东红，程少根，张晴，2018．幼儿卫生学 [M]．南京：南京师范大学出版社．

王东红，王洁，2016．学前儿童卫生保健 [M]．北京：高等教育出版社．

张春炬，李芳，2017．幼儿园安全管理策略 [M]．北京：中国轻工业出版社．

张治军，徐曼丽，靳秀贞，2018．幼儿园安全管理与教育活动 [M]．长春：东北师范大学出版社．